保密法学政策概论

主　　编　王智江
副 主 编　李　扬
参编人员　阎诗晨　牟　升
　　　　　王飞群　王一凡

西北工业大学出版社

图书在版编目（CIP）数据

保密法学政策概论/王智江主编. —西安：西北工业大学出版社,2016.7
ISBN 978-7-5612-4993-2

Ⅰ. 保… Ⅱ. ①王… Ⅲ. ①保密法-法的理论-中国 Ⅳ. ①D922.141

中国版本图书馆 CIP 数据核字(2016)第 187501 号

出版发行：	西北工业大学出版社
通信地址：	西安市友谊西路 127 号　邮编:710072
电　话：	(029)88493844　88491757
网　址：	www.nwpup.com
印　刷：	陕西向阳印务有限公司
开　本：	727 mm×960 mm　1/16
印　张：	8.625
字　数：	119 千字
版　次：	2016 年 7 月第 1 版　2016 年 7 月第 1 次印刷
定　价：	21.00 元

前言

新形势下的保密工作面临着严峻的挑战,特别是互联网、物联网以及大数据技术的发展,给我国的保密工作增加了前所未有的难度。为了应对这样的挑战,使保密工作有序开展,国家先后设立十大国家保密学院,培养保密专业型人才。新设立的保密学院在保密教育方面发挥着重要的作用。但巧妇难为无米之炊,在实际教学过程中,笔者发现,关于保密方面的教材比较匮乏。因此,笔者以5年来保密教学的工作经验为基础,按照保密法学的发展脉络,并结合对保密法学的认识和理解以及保密工作的当前形势,编写了本书。

本书结合笔者在保密教学工作中遇到的难点与重点,从法律、政策层面切入,分层次、多角度地介绍了保密的基本概念、保密制度的发展历史以及保密法学的理论体系等,最后结合当前保密工作的形势,重点介绍了保密法的基本内容,让读者由浅入深地理解保密的相关概念,建立起较为完善的保密理论体系,并认识到保密工作的重要性。

本书分为三个部分,结合保密法的法的属性及时代特点,较为系统地介绍了《中华人民共和国保守秘密法》(下称《保密法》)的基本内容。

第一部分由第一章和第二章组成,主要从法律政策角度,详细介绍法的基本情况。其中,第一章主要介绍法律的概念,对比大陆法系、英美法系及中国特色社会主义法律体系之间的异同。第二章则主要从政策的角度,详细介绍政策的性质、特点、功能及其制定过程,并分析政策和法律之间的关系。这两章的目的是让读者从宏观视角建立起法律体系的概念。

第二部分由第三章组成。鉴于保密本身具有的时代属性及地域文化属性,本章首先从历史角度,介绍我国不同历史时期保密制度的内容及特点。然后,横向对比不同国家保密法制的情况,较为详细地介绍欧美主要国家(美国、英国、德国、俄罗斯)及亚洲主要国家(日本、韩国)的保密法制。读者在学习过程中,要具备对比学习的能力,对比学习不同历史时期、不同国家的保密法制,最终能够分析我国保密法制的特点。

第三部分由第四章和第五章组成,详细介绍保密法的法的属性及基本内容。其中,第四章主要从法理学的视角,介绍保密法学的内涵及与其他部门法之间的关系,然后结合法律关系的内涵,详细介绍保密法律关系的基本内容,最后介绍《保密法》的修订及其亮点等。而第五章的内容,则以当前的《保密法》为主,详细介绍《保密法》在国家秘密的密级及范围、保密制度、监督管理、法律责任等方面的详细规定。

第一部分是基础,第二部分是辅助,而第三部分是重点。

本书由王智江任主编,李扬任副主编。编写分工如下:阎诗晨编写第一章,牟升编写第二章,王飞群编写第三章,王一凡编写第五章,李扬编写第四章及负责全书统稿工作。

本书是一本保密专业的教材,可作为研修保密专业及信息安全专业的教材,也可供从事武器装备科研生产、使用、维修、管理方面的工程技术人员以及军工企事业单位的保密管理人员等参考。希望读者通过学习,掌握当前形势下保密工作的基本要求,学习保密工作的发展历史,认识到保密工作的重要性,并全面掌握保密法律的知识体系,初步具备从事涉密工作和保密管理工作的能力等。

由于水平所限,书中难免疏漏,敬请读者谅解并提出宝贵意见或建议。

王智江
2016年3月

目　录

第一章　法律和法规 …………………………………………………（1）
　第一节　法律的概念及其历史发展 ………………………………（1）
　第二节　社会主义法律精神 ………………………………………（5）
　第三节　法律体系 …………………………………………………（10）

第二章　社会政策 ……………………………………………………（17）
　第一节　政策概述 …………………………………………………（17）
　第二节　社会政策概述 ……………………………………………（24）
　第三节　社会政策的制定过程、实施、评估与变动 ……………（30）
　第四节　政策和法律的关系 ………………………………………（40）
　本章小结 ……………………………………………………………（46）
　问题讨论 ……………………………………………………………（47）

第三章　中国保密法制的历史沿革 …………………………………（48）
　第一节　中国古代保密法制 ………………………………………（48）
　第二节　中国近代保密法制 ………………………………………（55）
　第三节　新中国保密法制 …………………………………………（57）
　第四节　国外保密法律概况 ………………………………………（59）
　第五节　保密法制的当前形势 ……………………………………（69）
　本章小结 ……………………………………………………………（70）
　问题讨论 ……………………………………………………………（70）

第四章 保密法学 (71)

第一节 保密法学概述 (71)

第二节 保密法律关系 (81)

第三节 《保密法》修订目标及要求 (85)

第四节 新《保密法》基本框架及亮点 (88)

本章小结 (90)

问题讨论 (91)

第五章 保密制度 (92)

第一节 保密工作概述 (92)

第二节 国家秘密 (98)

第三节 国家秘密的范围与定密 (103)

第四节 保密管理制度 (109)

第五节 违反《保密法》的责任 (122)

本章小结 (130)

问题讨论 (130)

参考文献 (132)

第一章 法律和法规

> 本章主要介绍法律的基本知识,包括法律的一般含义、法律的分类、法律的历史发展,以及社会主义法律精神、法律的作用等,探讨不同法系之间的关系,着重介绍中国特色社会主义法律体系的构成。学习法律的基本知识,是进一步学习政策和保密法规的基础。
>
> 通过本章的学习,应该能够了解以下内容:
> 1. 法律的概念、分类及历史。
> 2. 社会主义法律的本质。
> 3. 社会主义法律的规范作用和社会作用。
> 4. 资本主义国家的法律体系。
> 5. 中国特色社会主义法律体系的构成。

第一节 法律的概念及其历史发展

一、法律的一般含义

在现代汉语中,"法律"一词有广义和狭义两种含义。就我国现行的法律而言,广义的法律是指法律的整体,主要包括宪法、全国人民代表大会及其常务委员会制定的法律、国务院制定的行政法规、地方国家权力机关制定的地方性法规、民族自治地方的人民代表大会制定的自治条例和单行条例等。狭义的法律仅指全国人民代表大会及其常务委员会制定的法律。在一般场合,根据约定俗成的原则,把所有的法统称为法律。

而在西文中,含有"法""法律"语义的词语更为复杂。除英语中的"law"一词同汉语中的"法律"对应外,在欧洲大陆各主要民族语言中,广义的法律(法)与狭义的法律分别用两个不同的词来表达,如拉丁文的"jus"和"lex",法文中的"droit"和"loi",德文中的"recht"和"gesetz"等。特别值得注意的是,"jus,droit,recht"等词语不仅有"法"的意思,而且都兼有权利、公平、正义等含义。有的西方学者认为,法指的是永恒的、普遍有效的正义原则和道德公理,而法律则是指由国家机关制定和颁布的具体行为规则。

法律不是从来就有的,是随着私有制、阶级和国家的出现而逐步产生的。从法律发展史来看,法律是一种复杂的社会历史现象。只有透过各种法律现象,把握其本质,才能深刻揭示法律的一般含义。

1. 法律是由国家创制并保证实施的行为规范

法律区别于道德规范、宗教规范、风俗习惯、社会礼仪和职业规范等其他社会规范的首要之处在于,它是由国家创制并保证实施的社会规范。国家创制法律规范的方式主要有两种:一是制定,即国家机关在法定的职权范围内依照法律程序,制定、补充、修改和废止规范性法律文件的活动。二是认可,即国家机关赋予某些已有的社会规范以法律效力,或者赋予先前的判例以法律效力的活动。

法律不但由国家制定或认可,而且由国家保证实施。也就是说,法律具有国家强制性。法律的国家强制性,既表现为国家对违法行为的否定和制裁,也表现为国家对合法行为的肯定和保护。国家强制力并不是保证法律实施的唯一力量。法律意识、道德观念以及纪律观念也在保证法律的实施过程中发挥着重要作用。

2. 法律是统治阶级意志的体现

首先,法律所体现的是统治阶级的阶级意志,即统治阶级的整体意志,而不是个别统治者的意志,也不是统治者个人意志的简单相加。统治阶级不仅迫使被统治阶级服从和遵守法律,而且要求统治阶级的成员也遵守法律。其次,法律所体现的统治阶级意志,并不是统治阶级意志的全部,而仅仅是上升为国家意志的那部分意志。统治阶级的意志还体现在国家政策、统治阶级的道德、最高统治者的言论等形式之中。

3. 法律由社会物质生活条件决定

法律不是凭空出现的,而是产生于特定时代的物质生活条件基础之上的。社会物质生活条件是指与人类生存相关的物质资料的生产方式、地理环境和人口等条件。其中,物质资料的生产方式既是决定社会面貌、性质和发展的根本因素,也是决定法律本质、内容和发展方向的根本因素。生产方式包括生产力与生产关系两个方面,对法律产生决定性的影响。在阶级社会中,有什么样的生产关系,就有什么样性质和内容的法律。

综合以上三个方面,可以将法律定义为,法律是由国家制定或认可并以国家强制力保证实施的,反映由特定社会物质生活条件所决定的统治阶级意志的规范体系。

二、法律的一般分类

法的分类是指从一定角度或根据一定标准,将法划分为不同的类别。法的一般分类是法的最基本的分类,也是世界上绝大多数国家公认和适用的一种分类。①

1. 根本法与普通法

按法的内容、效力和制定程序的不同,法律可分为根本法和普通法。这一划分不适用于不成文宪法制的国家,如英国。根本法是规定国家最基本的政治、经济、社会制度,规定公民的基本权利和基本义务,规定国家机构的权限和活动基本原则的法,即宪法。根本法具有最高法律地位和法律效力,其制定和修改需要特别的程序。普通法是根本法以外的法律,只调整社会关系的某些领

---

① 张文显:《法理学》,高等教育出版社,2007年版,第102-104页。

域,效力低于根本法,其制定或修改无须特别的程序。

2. 一般法与特别法

对一般的人或事的法是一般法,对特定的人、事或特定地区的法是特别法。同位阶的法律发生冲突时,特别法优于一般法。

3. 国内法与国际法

划分国内法与国际法的标准是法律的制定和实施的主体不同。国内法是指一个主权国家制定的法,国际法是两个或两个以上国家或国际组织间制定或公认的法律。

4. 成文法与不成文法

依法律创制方式和表现形式的不同,法律分为成文法与不成文法。成文法又称制定法,是国家制定的以法律条文形式表现出来的法律。不成文法是由国家认可的不以法律条文形式表现的法律,一般指习惯法。

5. 实体法与程序法

依法律所规定的内容不同,法律可分为实体法与程序法。实体法规定主体权利和义务关系,程序法规定保证实体权利和义务得以实现的程序或方式。

6. 公法与私法

依照首先提出这种划分学说的古罗马法学家乌尔比安的说法,公法是涉及保护国家利益和社会公共利益的法,私法是保护私人利益的法。

三、法的历史发展

马克思主义哲学中,历史唯物主义认为经济基础决定上层建筑,所以法律制度的基本内容和性质总是与其所在社会的生产关系相适应的。因此,除原始社会没有法律外,法律发展史上也相应地先后产生过奴隶制法律、封建制法律、资本主义法律和社会主义法律。

1. 奴隶制法律

奴隶制法律是人类历史上出现最早的剥削阶级类型的法。在奴隶制社会的经济结构中,奴隶主阶级占有生产资料,同时也占有作为生产劳动者的奴隶。因此,奴隶制法律是奴隶主阶级专政的国家意志的表现,是奴隶主阶级对广大奴隶实行统治的工具。奴隶制法律通常采用最极端的经济剥削和政治压迫的方式,其主要特征如下:一是具有明显的原始习惯残留痕迹,二是否认奴隶的法律人格,三是刑罚方式极其残酷,四是确认自由民之间的等级划分。

2. 封建制法律

封建社会是以农业为基础的自然经济占主导地位的社会,在封建社会的经济结构中,封建地主阶级占有生产资料,同时不完全占有作为生产劳动者的农奴或农民。封建制法律是封建地主阶级对广大农民阶级实行统治的工具,以维护封建地主阶级的共同利益为根本使命。封建制法律的基本特征如下:一是肯定人身依附关系,二是封建等级制度,三是维护专制王权,四是刑罚严酷、野蛮擅断。

3. 资本主义法律

资本主义社会是以发达的社会生产力和社会化大生产为基础而建立起来的商品生产高度发展的社会,生产资料和劳动力都变成了商品。以资本主义生产关系为经济基础而建立的资本主义法律,其根本任务是维系有利于资产阶级的经济和政治秩序。尽管它强调形式上的平等和自由,但它仍然是以资产阶级意志和利益为依归的法律制度,仍然属于剥削类型的法律。

第二节　社会主义法律精神

我国制定和实施的是中国特色社会主义法律,社会主义法律精神贯穿于法律制定和运行的始终。领会社会主义法律精神,就是要正确认识我国社会主义法律的本质和作用,深刻理解我国社会主义法律的运行机制。

一、社会主义法律的本质

我国社会主义法律,是在中国共产党领导的新民主主义革命时期孕育,在社会主义制度建立后确立并在社会主义建设中不断发展的。在新民主主义革命时期，中国共产党领导的革命根据地政权，制定和实施了一批反映人民意志的法律，如《土地法》《政府组织法》和《选举法》等，为新中国的法制建设积累了宝贵经验。新中国成立后，国家先后制定了《中华人民共和国婚姻法》《中华人民共和国宪法》（以下简称《宪法》）等一系列法律。"文化大革命"时期，由于受"左"的错误的严重干扰，社会主义法制建设一度遭到严重破坏，社会主义法制建设进程被迫中断。党的十一届三中全会以来，党和国家把社会主义法制建设摆在极其重要的位置，我国社会主义法制建设进入了前所未有的快速发展时期。目前，我国在政治、经济、文化和社会生活的主要方面基本做到了有法可依。我国社会主义法律从本质上看，体现了广大人民的意志，具有鲜明的科学性和先进性。

从法律所体现的意志来看，我国社会主义法律体现了工人阶级领导下广大人民的意志。社会主义法律的建立是以公有制为基础的，工人阶级领导下的全体人民都是国家的主人，国家的立法、执法和司法权力都属于人民并服务于人民。在人民内部，全体人民的根本利益是一致的，因此，社会主义法律制度既是领导阶级即工人阶级的利益和意志的体现，也是最广大人民利益和意志的体现。社会主义法律的阶级性与人民性是根本一致的关系，其阶级性正是通过对全体人民的共同利益和意志加以确认而表现出来的。我国社会主义法律体现了阶级性与人民性的统一。在全体人民当中，工人阶级作为新的生产方式的代表，在政治上居于领导地位。因此，我国社会主义法律首先是工人阶级意志的体现。同时，由于工人阶级的意志和利益与全体人民的意志和利益在根本上是一致的，我国社会主义法律也是工人阶级领导下的全体人民共同意志的体现。当然，我国社会主义法律所体现的共同意志，并不是人民中各个阶级、阶层和群体意志的简单相加，也不是自发形成的，而是在中国共产党的领导下逐步形成的。

从法律的实质内容来看，我国社会主义法律是社会历史发展规律和自然规律的反映，具有鲜明的科学性和先进性。在剥削阶级占统治地位的社会中，法律受少数人的利益所局限，容易与客观规律和历史发展趋势相背离。社会主义法律反映的不是少数人的特殊利益,而是全体人民的共同利益,尽管这种共同利益的具体内容会随着社会的发展而变化,但它与历史发展的基本方向和基本规律是一致的。因此,从本质上说,社会主义法律更能够尊重和反映客观规律,更具有科学性和先进性。我国社会主义法律的科学性和先进性主要体现在三个方面:一是我国社会主义法律坚持了辩证唯物主义和历史唯物主义的世界观和方法论。辩证唯物主义和历史唯物主义指引人们去发现客观规律,在法律实践中尊重和反映客观规律。二是我国社会主义法律善于借鉴我国传统法律和外国法律的成功经验。前人和他人的成功经验实际上是客观规律的反映,因而对这些成功经验的吸收,就是对规律性认识的吸收。三是我国社会主义法律的立法体制、立法程序和立法技术适应时代发展,不断改革与创新,使立法的质量和水平不断提高。

二、法律的规范作用

根据法律的规范作用的指向和侧重,可以将社会主义法律的规范作用分为指引作用、预测作用、评价作用、强制作用和教育作用。

1. 指引作用

法律能够为人们提供一种既定的行为模式,从而引导人们在法律范围内活动。指引作用是法律最首要的作用。法律的首要目的并不在于制裁违法行为,而是在于引导人们正确的行为,合法地参与社会生活。法律的指引作用主要是通过授权性规范、禁止性规范和义务性规范三种规范形式实现的。与之相应的指引形式分别为授权性指引、禁止性指引和义务性指引。授权性指引是指运用授权性法律规范,告诉人们可以做什么或者有权做什么;禁止性指引是指运用禁止性法律规范,告诉人们不得做什么;义务性指引是指运用义务性法律规范,告诉人们应当或者必须做什么。

2. 预测作用

法律通过其规定,告知人们某种行为所具有的为法律所肯定或否定的性质以及它所导致的法律后果,使人们可以预先估计到自己行为的后果,以及他人行为的后果。人们可以根据法律规定,对特定行为的法律后果进行预测,从而自觉地调整自己的行为,使之更加符合法律的规定,从而减少和化解一些矛盾和纠纷,减少违法犯罪行为的发生。预测作用有助于全社会确立正常的法律意识,自觉服从法律,严格依法办事。同时,预测作用对于法律的适用具有重要的意义。

3. 评价作用

法律具有评价人们行为的意义的作用。法律的评价客体是自然人、法人和其他社会组织的行为。法律评价的标准是合法与不合法,只要违反了法律规定,就必须承担相应的法律责任,受到法律制裁。行为评价标准有法律、道德、纪律等,但既不能用法律评价代替道德评价、纪律评价,也不能用道德评价、纪律评价取代法律评价。

4. 强制作用

法律是以国家强制力为后盾保障实施的。法律的强制作用是法律其他作用的保障。法律强制的主体是国家、社会成员与社会组织。国家是强制的主动主体,社会成员或社会组织作为被强制对象则是被动主体。法律强制的手段是国家强制力,包括警察、法庭、监狱等,目的在于实现法律权利与法律义务,确保法律权威,维护社会公平正义,维护良好社会秩序。

5. 教育作用

法律具有通过其规定和实施,发挥影响人们的思想,培养和提高人们的法律意识,引导人们依法行为的作用。教育作用主要有三种实现方式:一是通过人们对法律的了解和学习,发挥教育作用;二是通过对各种违法犯罪行为的制裁,使违法犯罪者和一般社会成员受到教育;三是通过对先进人物、模范行为的嘉奖与鼓励,为人们树立法律上的行为楷模。教育作用普遍存在于法律作用中,法律的指引作用、预测作用、评价作用、强制作用都有一定的教育意义。法律的教育作用有利于使法律获得人们内心的认同,进而自觉遵守。

三、社会主义法律的社会作用

社会主义法律的社会作用是其阶级本质和经济基础的集中体现,对于确立和维护社会主义的国家制度、经济制度、社会秩序以及推动社会改革与进步都具有重要的作用。

1. 确立和维护人民民主专政的国家制度

法律与国家是紧密相连的。我国社会主义法律确立和维护人民民主专政的国家制度,确立国家的性质,确立国家政权结构形式和组织形式,为国家不同权力部门的运行提供法律根据,通过履行社会公共事务的职能,维护政治统治所需要的社会秩序。在社会主义市场经济条件下,社会主义法律规定不同群体、不同阶层和不同成员的权利和义务,确定共同的行为准则,使个别利益服从整体利益,个别主张服从统一意志,以维护广大人民群众的意志和根本利益,保障人民当家做主的权利。

2. 确立和维护社会主义的经济制度

任何社会的法律都把维护一定的经济制度作为重要任务。我国社会主义法律确立和维护社会主义的经济制度,确立和维护人民民主专政的国家政权赖以存在的经济基础。社会主义市场经济是我国基本经济制度的运行模式。社会主义法律保障市场经济主体的合法权利,能够使市场经济主体平等地参与市场竞争和其他经济活动;维护市场经济秩序,处理经济领域中的矛盾和纠纷,打击经济领域中的违法犯罪活动,能够为社会主义市场经济的发展创造良好的法律环境。

3. 确立和维护和谐稳定的社会秩序

社会和谐是中国特色社会主义的本质属性,维护社会的和谐稳定是我国社会主义法律的重要职能。我国将长期处于社会主义初级阶段,人民日益增长的物质文化需要同落后的社会生产之间的矛盾仍然是我国社会的主要矛盾,公共权力和公民权利、公共权力和政府责任、公民权利和义务之间仍然存在着矛盾和冲突。这些矛盾和冲突都需要法律予以调整和解决。我国社会主义法律具有保障人民群众享有广泛权利、协调社会利益关系、维护人与自然和谐等重要作用。

4. 推动社会改革与进步

社会变革与进步应该有秩序地进行。通过法律的立、改、废,推动社会改革与进步,既是我国社会主义法律的一项重要职能,也是实现社会改革和进步的有效途径。改革开放以来,社会主义法制建设成为改革开放与社会进步的先导。中国共产党把自己的先进理念制度化、法律化,运用法律的力量引领社会进行全方位的社会主义现代化建设,实现了经济社会又好又快健康发展。同时,法律也必须随着社会的发展而发展,在中国特色社会主义法律体系基本形成、社会生活的各个方面基本做到了有法可依的情况下,更要通过对现行法律的修改和完善来推动社会改革和进步。

第三节 法 律 体 系[①]

在欧美近代史上,由于各国的历史传统、社会条件和发展道路方面的区别,在资本主义法律产生和发展的过程中形成不同的法系。资本主义国家的法律制度可以分为大陆法系和英国法系。

一、大陆法系概况

大陆法系是以法典形式作为其显著标志的。所谓法典,是指一定法律部门的比较集中而系统的规范性法律文件。大陆法系是起源于古代罗马法的,经《法国民法典》(也称为《拿破仑法典》)和《德国民法典》而发扬光大,以致逐步发展成为影响整个世界的重大的法系。大陆法系是以法国和德国为代表的。他们都是在古代罗马法的基础上发展形成起来的,都为大陆法系的发展做出了重要的贡献。于是也有学者将大陆法系划分为法国法系和德国法系两大分支。当然也有学者认为这两大分支的说法不尽科学。法国主要以其1804年的《法国民法典》来影响其他大陆法系国家。在欧洲,比利时、卢森堡等国甚至直接将《法国民法典》加以修改适用。《法国民法典》对荷兰、葡萄牙、西班牙、意大利等国也很有影响。在欧洲之外的亚洲、非洲,尤其是中、南美洲,由于法国、西班

---

① 本节内容部分参考卓泽源:《法学导论》,法律出版社,2015年版,第103-110页。

牙、葡萄牙、荷兰的殖民活动和对外扩张的影响，《法国民法典》也延伸影响了这些国家。德国也是很受《法国民法典》影响的国家之一。1896年，德国制定了《德国民法典》。它虽然没有《法国民法典》那么大的影响力，但也依然对意大利民法典、希腊民法典、巴西民法典、日本民法典、韩国民法典和"中华民国"国民党统治时期的民法典产生了重要的影响。大陆法系及其影响遍及欧洲大陆的所有国家，以及法国、西班牙、葡萄牙、荷兰的殖民地国家和地区。日本、泰国、土耳其，中国的台湾、澳门以及旧中国的法律都属于大陆法系的范畴。

二、英国法系概况

由于英国法系起源于英国，因此人们称之为英国法系；由于它是以普通法作为基础和传统发展起来的，因此也被称为普通法法系；由于美国继承的是英国法律传统，英国的普通法制度在美国得到进一步的发展，于是人们常常将英美联系起来表述这一法系，故又称为英美法系。

普通法是针对中世纪普通法产生之前，英国各地沿用习惯法，没有全国通行的法律而言的。而对没有全国通行的法律的状况，英国国王通过派出巡回法庭创设判例，将判例发布并要求全国遵行，据此遵循前例的原则，形成了在全国有效的判例法。所以普通法的原意是指普遍通行于全国的法律，普通法实际上就是判例法。

英国法系是以普通法作为基础发展起来的，但并不意味着英国法系的法律渊源只有普通法。其实，在英国法系之中除了普通法之外，还有衡平法和制定法（成文法）。衡平法是为了弥补判例法之不足而产生的，衡平法的内容为一般的法律原则。随着时代的发展，在英国法系国家，制定法也不断增多。在时代的发展中，英国法系逐步形成了法律渊源的普通法（判例法）、衡平法和制定法三位一体的格局。

英国法律传统在18、19世纪广泛传入其海外殖民地，从而形成了以英国为中心，包括其殖民地在内的英国法系的庞大法律家族。在当今世界，英国法系的法律传统与法律渊源遍及英国（苏格兰除外）的本土，以及北美的美国和加拿大，大洋洲的澳大利亚、新西兰，亚洲的印度、巴基斯坦、孟加拉国、缅甸、马来西亚、新加坡等,非洲的加纳、尼日利亚、东非、塞拉里昂等。

三、英国法系与大陆法系的主要差异

英国法系与大陆法系有着各自的特点,彼此之间有着重要的差异,对于这种差异的比较与掌握,是认识两大法系基本内容的必然要求。针对它们之间的差异,不同学者有着不同的看法。综合一般的认识,两大法系主要有以下差异。

1. 法系形式有重大差异

大陆法系国家的法律都采用法典形式,表现为成文法或称制定法,而英国法系则不倾向于法典,以判例法、习惯法为主,成文法并不占主导地位。在英国法系之中,存在着判例法、衡平法和制定法的划分。判例法一直占据主导地位,是最重要的法律渊源。

2. 判例地位和作用不同

在英国法系,判例是法的重要渊源,即判例法。在许多法律领域,法律甚至都是由判例法构成的。上级法院,尤其是最高法院的判决对下级法院具有约束力,维持前例是英国法系中的一个重要原则。在大陆法系国家,判例一般不被认为是法的渊源。下级法院至少在法律上是不受上级法院判决所约束的,也没有维持前例的原则。

3. 法律适用的方法不同

英国法系法官处理案件,首先从探讨以前类似案件的判决出发,从中抽取一般法律原则再适用于具体的现实案件。大陆法系法官处理案件,则首先考虑法律所规定的一般规则,并据此来处理案件。两大法律传统的这一不同也有人称为法律方法论上的差别。

4. 诉讼方法和程序不同

英国法系采取对抗制的诉讼模式,在民事诉讼中由双方律师,在刑事诉讼中由公诉人和被告方律师担任主要角色,法官仅是一个消极而中立的裁判官。大陆法系则采取审问式的教会法程序,法官在诉讼活动中居主导地位。

5. 法律的类别划分不同

在传统的大陆法系中,法律首先被划分为公法和私法。凡是与国家公权有关或者说国家以公权者身份作为法律关系一方当事人的法律,都属于公法。在传统的英国法系中,法律则没有这样的划分,他们传统上将法律划分为普通法和衡平法两类。

6. 法院的组织系统不同

在大陆法系,法院有普通法院和行政法院之分,而且行政法院和普通法院没有隶属关系。英国法系的法院系统,在英国历史上有普通法院与衡平法院之分,合并之后,法院系统相对单一了。英国法系没有独立的行政法院,即使有行政法庭,对于行政法庭审理的案件、做出的判决,当事人也可以向普通法院提出申诉。

7. 法律概念和术语的差异

大陆法系和英国法系在自己的发展历程中形成了许多不同的概念、术语。这些概念、术语是各自得以存在的重要标志,必将长期存在。诸如普通法,在两大法系都有,但是含义迥然不同,大陆法系认为是指宪法以外的法律的统称,英国法系则认为是普遍流行于全国的判例法。

两大法系的差别是巨大的,但并不是绝对的。尤其是20世纪后,两大法系在许多方面都已相互靠拢,差别逐渐缩小。由于传统的差异,两大法系间的差别必将长期存在。

四、中国特色社会主义法律体系

新中国成立以来,特别是改革开放30多年来,中国的立法工作取得了举世瞩目的成就。截至2011年8月底,中国已制定现行宪法和有效法律共240部、行政法规706部、地方性法规8600多部,涵盖社会关系各个方面的法律部门已经齐全,各个法律部门中基本的、主要的法律已经制定,相应的行政法规和地方性法规比较完备,法律体系内部总体做到科学和谐统一,中国特色社会主义法律体系已经形成。①

中国特色社会主义法律体系,是以宪法为统帅,以法律为主干,以行政法规、地方性法规为重要组成部分,由宪法相关法、民法商法、行政法、经济法、社会法、刑法、诉讼与非诉讼程序法等多个法律部门组成的有机统一整体。

1. 宪法及宪法相关法

宪法是中国特色社会主义法律体系的统帅。宪法是国家的根本法,在中国特色社会主义法律体系中居于统帅地位,是国家长治久安、民族团结、经济发展、社会进步的根本保障。在中国,各族人民、一切国家机关和武装力量、各政党和各社会团体、各企业事业组织,都必须以宪法为根本的活动准则,并负有维护宪法尊严、保证宪法实施的职责。

中国现行宪法是一部具有中国特色、符合社会主义现代化建设需要的宪法,是治国安邦的总章程。它是经过全民讨论,于1982年由全国人民代表大会通过的。根据国家经济社会的发展,全国人民代表大会先后通过了4个宪法修正案,对宪法的部分内容作了修改。中国宪法确立了国家的根本制度和根本任务,确立了中国共产党的领导地位,确立了马克思列宁主义、毛泽东思想、邓小平理论和"三个代表"重要思想的指导地位,确立了工人阶级领导的、以工农联盟为基础的人民民主专政的国体,确立了人民代表大会制度的政体,规定国家的一切权力属于人民、公民依法享有广泛的权利和自由,确立了中国共产党领导的多党合作和政治协商制度、民族区域自治制度以及基层群众自治制度,确立了公有制为主体、多种所有制经济共同发展的基本经济制度和按劳分配为主体、多种分配方式并存的分配制度。

中国宪法在中国特色社会主义法律体系中具有最高的法律效力,一切法律、行政法规、地方性法规的制定都必须以宪法为依据,遵循宪法的基本原则,不得与宪法相抵触。

宪法相关法是与宪法相配套、直接保障宪法实施和国家政权运作等方面的法律规范,调整的是国家政治关系,主要包括国家机构的产生、组织、职权和基

---

① 《中国特色社会主义法律体系》白皮书,人民出版社,2011年版。

本工作原则方面的法律,民族区域自治制度、特别行政区制度、基层群众自治制度方面的法律,维护国家主权、领土完整、国家安全、国家标志象征方面的法律,保障公民基本政治权利方面的法律。

2. 民法商法

民法是调整平等主体的公民之间、法人之间、公民和法人之间的财产关系和人身关系的法律规范,遵循民事主体地位平等、意思自治、公平、诚实信用等基本原则。商法是调整商事主体之间商事关系的法律规范,遵循民法的基本原则,同时秉承保障商事交易自由、等价有偿、便捷安全等原则。

3. 行政法

行政法是关于行政权的授予、行政权的行使以及对行政权的监督的法律规范,调整的是行政机关与行政管理相对人之间因行政管理活动发生的关系,遵循职权法定、程序法定、公正公开、有效监督等原则,既保障行政机关依法行使职权,又注重保障公民、法人和其他组织的权利。

4. 经济法

经济法是调整国家从社会整体利益出发,对经济活动实行干预、管理或者调控所产生的社会经济关系的法律规范。经济法为国家对市场经济进行适度干预和宏观调控提供法律手段和制度框架,防止市场经济的自发性和盲目性所导致的弊端。

5. 社会法

社会法是调整劳动关系、社会保障、社会福利和特殊群体权益保障等方面的法律规范,遵循公平和谐和国家适度干预原则,通过国家和社会积极履行责任,对劳动者、失业者、丧失劳动能力的人,以及其他需要扶助的特殊人群的权益提供必要的保障,维护社会公平,促进社会和谐。

6. 刑法

刑法是规定犯罪与刑罚的法律规范。它通过规范国家的刑罚权,以惩罚犯罪,保护人民,维护社会秩序和公共安全,保障国家安全。我国刑法确立了罪刑法定、法律面前人人平等、罪刑相适应等基本原则。

7. 诉讼与非诉讼程序法

诉讼与非诉讼程序法是规范解决社会纠纷的诉讼活动与非诉讼活动的法律规范。诉讼法律制度是规范国家司法活动解决社会纠纷的法律规范,非诉讼程序法律制度是规范仲裁机构或者人民调解组织解决社会纠纷的法律规范。

第二章 社会政策

本章介绍政策的概念、内容、特征及分类,探讨政策与法律的区别和联系。着重介绍社会政策的起源、发展和要素以及社会政策的制定过程、实施、评估和变动。弄清这些基本问题,是学习法规政策的起点,也是掌握法规政策理论的基本前提。

通过本章的学习,应该能够了解以下内容:

1. 政策的概念、分类及特征。
2. 社会政策的定义。
3. 社会政策的起源、发展和要素。
4. 社会政策的重要性和意义。
5. 社会政策的制定过程、实施、评估和变动。
6. 政策与法律的区别与联系。

第一节 政策概述

一、政策的概念和内容

政策,是指国家政权机关、政党组织和其他社会政治集团为了实现自己所代表的阶级、阶层的利益与意志,以权威形式标准化地规定在一定的历史时期内,应该达到的奋斗目标、遵循的行动原则、完成的明确任务、实行的工作方式、采取的一般步骤和具体措施。简明扼要地讲,政策是指国家或政党为实现一定历史时期的路线而制定的行动准则。① 政策的实质是阶级利益的观念化、主体化、实践化反映。政策决定政治,成为现代社会的政治发展新动向与特征。一个国家要形成和维持下去,就必然要有其固有的国家政策,也决定着这个国家的兴衰与存亡。政策的内容涉及国家和社会生活的方方面面,也牵涉到一个国家各阶层人民的切身利益。因此,也可以这样来理解:政策是一种政治行为,是政府意志的体现;还是一种过程概念,表现为政府为达到某既定目标而采取的一系列可操作性的活动,是动态的、并与历史的过去和未来有关;同时又是有关政府机构集体成员之间的一种默契,要求所有成员在给定的政治环境下能够把握其他成员的行为准则;而且可视为一种权威性的社会价值分配方案,这种价值分配将在与政策相关的目标群体范围内进行。

二、政策的特点

1. 阶级性

阶级性是政策的最根本特点。在阶级社会中,政策只代表特定阶级的利益,而不代表全体社会成员的利益,不反映所有人的意志。

2. 正误性

任何阶级的政策都有正确与错误之分。

3. 时效性

政策是在一定时间范围内的历史和国情条件下,推行的现实政策。

4. 表述性

政策不是物质实体,就表现形态而言,政策是外化为符号表达的观念及信息。它的表述性体现在有权机关用语言和文字等表达手段进行的表述。

---

① 张克虎、林文新:《论和谐社会对检察政策调适的要求》,载《理论月刊》2009年第9期,186－188。

三、政策的分类

作为国家的政策,一般分为对内与对外两大部分。对内政策包括财政经济政策、文化教育政策、军事政策、劳动政策、宗教政策、民族政策、保密政策等。对外政策即外交政策。政策是国家或者政党为了实现一定历史时期的路线和任务而制定的国家机关或者政党组织的行动准则。

四、公共政策

公共政策是公共权力机关经由政治过程所选择和制定的为解决公共问题、达成公共目标、以实现公共利益的方案,其作用是规范和指导有关机构、团体或个人的行动,其表达形式包括法律法规、行政规定或命令、国家领导人口头或书面的指示、政府规划等。公共政策作为对社会利益的权威性分配,集中反映了社会利益,从而决定了公共政策必须反映大多数人的利益才能使其具有合法性。因此,许多学者都将公共政策的目标导向定位于公共利益的实现,认为公共利益是公共政策的价值取向和逻辑起点,是公共政策的本质与归属、出发点和最终目的。对于公共政策应该与公共利益还是私人利益保持一致这个问题,绝大多数人将选择公共利益。① 美国伍德罗·威尔逊认为,公共政策是由政治家即具有立法权者制定的而由行政人员执行的法律和法规。哈罗德·D.拉斯韦尔和亚伯拉罕·卡普兰指出,"政策是一种为某项目标、价值与实践而设计的计划"。

五、公共政策的特征②

1. 价值相关性

与政策的价值相联系的是其利益相关性,多数公共政策都涉及对以利益为

---

① James E. Anderson:《Public Policy-making: An Introduction》,霍顿米夫林出版社(Houghton Mifflin),2003年第5版,第135页。

② 王雍君:《公共经济学》,高等教育出版社,2007年版,第一章。

核心的社会价值的分配。

2. 合法性

政策的合法性应该通过法定程序获得,这种法定程序可以通过立法机关通过,或者经过得到立法机关明确授权的有关部门的认可。

3. 权威性

公共政策的权威性与其合法性紧密相关,而权威性又与强制力相联系。

六、公共政策的分析模型

公共政策分析模型作为政策分析的一种理论工具,是能够为决策者提供集假设、定义、描述、解释、对策于一体的概念模型。公共政策分析模型基本上可以分为两大类:政治分析模型和理性分析模型。[①-②]

1. 政治分析模型

政治分析模型的主要观点认为,公共政策是政治系统的产出,政策过程本质上是一个政治过程。政治分析模型一般包括制度分析模型、精英分析模型和集团分析模型。制度分析模型主张,公共政策是政府机构的产物,不同的政府制度导致不同的公共政策。精英分析模型认为,公共政策是政治精英价值偏好的反映,公共政策完全由占统治地位的政治精英把握政策制定的主动权。集团分析模型则认为,公共政策是集团利益平衡和均衡的产物,公共政策是集团斗争中相互妥协的结果。[③]

按照制度分析理论,不同的政府制度导致不同的政策输出,社会主义制度的政策必然和资本主义制度的政策不同。社会主义制度以公有制为基础,在制定政策时必然以维护公有制为目标;而资本主义以私有制为基础,所制定的政策主要是为维护私有制的存在和发展。用制度分析理论来分析我国发展社

---

① 谢明:《公共政策导论》,中国人民大学出版社,2009年版。
② 本部分摘自陈佳云:《试论公共政策的主要分析模型与超理性分析》,载《广东行政学院学报》2011年4月,5-8。
③ 陈庆云:《公共政策分析》,北京大学出版社,2006年版。

主义初期所出台的政策,具有一定的适应性。如新中国成立初期,我国推行公私合营政策,兴办国有企业,都是基于建设社会主义制度的需要而出台的政策。

按照精英分析理论,公众被认为是麻木的、被动的和消息闭塞的,公共政策只是由统治阶层的少数人负责制定,反映精英的兴趣和偏好。精英理论最关心公共政策形成过程中领导人物所发挥的作用,用精英分析理论来分析我国封建社会时期及带有专制色彩的发展中国家所出台的政策,具有较好的适应性。如在我国明朝中期至清朝初期推行"闭关锁国"政策,实行海禁,导致海运业及港口业发展的停滞,反映了封建统治阶层消极保守的价值取向。

按照集团分析理论,公共政策是团体斗争中相互妥协的结果,是不同利益集团之间的一种平衡产物。公共政策一般偏向具有较大影响力的利益团体,公共政策随着利益团体影响力的变化而变化。用集团理论来分析资本主义国家及具有民主政治倾向的国家所出台的政策,具有相当的适应性。如美国的伊拉克政策,可以说就是其国内石油能源利益集团利益的反映。

2. 理性分析模型

理性分析模型的主要观点认为,公共政策的制定应当以社会收益最大化为目标,政府应当选择给社会带来的收益最大限度超过所付成本的政策。理性分析模型一般包括完全理性决策模型、有限理性决策模型和渐进决策模型。完全理性决策模型根据数字和事实,用合理的科学方法与精细的计算,分析解决问题的各种政策方案的优劣,从而求得最佳的政策或问题的解决办法。有限理性决策模型预先设定最低限度规定的标准,在备选方案中寻求符合要求或满意的方案,从而基本解决政策方案所指向的问题。渐进决策模型把公共政策制定过程看作是对以往政策行为的不断修正的过程,在试错的过程中寻求解决问题的办法。

按照完全理性决策理论,决策者具有绝对的理性,能够对各种备选方案进行比较分析,通过排序选择出最优方案。理性决策反映在经济社会就是追求利益的最大化。理性决策模型以充分的信息和精准的计算为基础,适用于分析完全实行市场经济的国家所出台的政策,尤其是经济政策。如对银行利率的调整政策,应当根据国民经济的运行情况、存储规模和信贷规模进行量化分析后进行决策。

按照有限理性决策理论,决策者并不具有完全理性,往往受到多方面因素的制约,包括主观因素和客观因素,只能寻求满意的方案或次优的方案。有限理性决策模型以追求满意解为主要目标,适用于分析有关政府规划、政府支出及安全环保等相关政策。如安全生产政策受到经济发展水平的制约,最优的方案往往难以实现,只能寻求基本满意的方案。

按照渐进决策理论,政策过程是一个对以往政策行为的不断补充和修正的过程。渐进决策模型以政策逐渐调整为主要方式,要求政策有继承性,不断调适渐进,适用于分析政府实行改良的相关政策。中国在改革开放初期提出"摸着石头过河"的政策,可以说是一种典型的渐进决策。①

七、公共政策的功能

公共政策的功能,就是指公共政策在社会公共事务管理中的功效与作用。从其对社会所起到的基本积极作用来讲,主要有以下几个方面:

(1) 分配社会资源;

(2) 规范社会行为;

(3) 解决社会问题;

(4) 促进社会发展。

案例 2-1

改革开放政策的深远影响

改革开放,是 1978 年 12 月十一届三中全会起中国开始实行的对内改革、对外开放的政策。中国的对内改革首先从农村开始,1978 年 11 月,安徽省凤阳县小岗村开始实行"农村家庭联产承包责任制",拉开了我国对内改革的大幕;对外开放是中国的一项基本国策,中国的强国之路,是社会主义事业发展的强大动力。改革开放建立了社会主义市场经济体制。1992 年南行讲话宣告中国

---

① 陈佳云:《试论公共政策的主要分析模型与超理性分析》,载《广东行政学院学报》2011 年 4 月,5-8。

改革进入了新的阶段。改革开放使中国发生了巨大的变化。1992年10月召开的党的十四大宣布新时期最鲜明特点是改革开放,中国改革进入新的改革时期。2013年中国进入全面深化改革新时期。改革开放是决定当代中国命运的关键抉择,是发展中国特色社会主义,实现中华民族伟大复兴的必经之路;只有社会主义才能救中国,只有改革开放才能发展中国,改革开放是我国的强国之路,是国家发展进步的活力源泉,我们要毫不动摇地坚持改革开放。

1978年12月,党召开了十一届三中全会。它是我党历史上具有深远意义的伟大转折:以十一届三中全会为起点,中国人民进入了改革开放和社会主义现代化建设的新时期。从十一届三中全会开始,以邓小平为核心的党中央逐步开辟了一条建设中国特色社会主义的道路,30多年来,中国人民沿着这条道路取得了举世瞩目的建设成就。会议揭开了中国社会主义改革开放的序幕。1978年12月中国开始走上改革开放的道路。经济上,至1978年为止,尽管中国的国民生产总值达3624亿元,比1965年的1716亿元①翻了一倍多,年均递增率达6.8%,并建立起了一个独立的、门类齐全的工业体系。但是人民依然贫苦,技术比较落后,并且经过"文革"后,党和国家出现一定程度的执政危机和信任危机。邓小平第三度登台,尝试对当时国内的经济体制进行全方位的改革,并试图将中国的经济体制从计划经济体制转移到市场经济上。邓小平的复出及其改革尝试得到了民众的热烈拥护。为尽快提升经济发展速度,以邓小平为首的第二代领导集体开始逐一解决这些问题,这场改革运动的目的是以维持社会主义制度为前提,改变生产中不适应生产发展的管理体制和政策,并建立社会主义下的市场经济体制。这场改革的经济方面在农村取得了率先突破,并随之迅速在全国各经济领域内推行改革。改革开放是邓小平理论的重要组成部分,是中国社会主义建设的一项根本方针。改革,包括经济体制改革,即把高度集中的计划经济体制改革成为社会主义市场经济体制;政治体制改革,包括发展民主,加强法制,实现政企分开、精简机构,完善民主监督制度,维护安定团结。开放,主要指对外开放,在广泛意义上还包括对内开放。改革开放是中国共产党在社会主义初级阶段基本路线的基本点之一,是中国走向富强的必经之

---

① 参见《国务院关于金融体制改革的决定》,于1993年12月25日颁发。

路,对中国的经济发展有着巨大影响。党的十七大报告指出,改革开放是党在新的时代条件下带领人民进行的新的伟大革命,目的就是要解放和发展社会生产力,实现国家现代化,让中国人民富裕起来,振兴伟大的中华民族;就是要推动中国社会主义制度自我完善和发展,赋予社会主义新的生机活力,建设和发展中国特色社会主义;就是要在引领当代中国发展进步中加强和改进党的建设,保持和发展党的先进性,确保党始终走在时代前列。改革开放的实质是,解放和发展社会生产力,提高综合国力,进一步解放人民思想,建设有中国特色的社会主义。

习近平强调,改革开放只有进行时没有完成时。没有改革开放,就没有中国的今天,也就没有中国的明天。改革开放中的矛盾只能用改革开放的办法来解决。我们要全面贯彻党的十八大精神,坚持以邓小平理论、"三个代表"重要思想、科学发展观为指导,积极回应广大人民群众对深化改革开放的强烈呼声和殷切期待,凝聚社会共识,协调推进各领域各环节改革,努力把改革开放推向前进。①

第二节 社会政策概述

一、社会政策的定义

社会政策,是通过国家立法和政府行政干预,解决社会问题,促进社会安全,改善社会环境,增进社会福利的一系列政策、行动准则和规定的总称。其核心是解决市场经济下公民的社会风险。②

二、社会政策的起源

一般认为,社会政策起源于1872年德国学者为解决本国当时最迫切的社会问题——劳资冲突所组织的"社会政策学会"。第一个给予社会政策以科学

---

① 习近平在中共中央政治局第二次集体学习时的讲话内容。
② 魏彬:《社会工作视角下的社会政策和社会工作关系及现状》,载《现代交际》2012年第9期,19。

概念的是瓦格纳。1891年他在发表的一篇论文中提出,社会政策是运用立法和行政手段,调节财产所得和劳动所得之间分配不均的问题。但是只有到了20世纪中期以后,由于经济学、政治学和系统科学等学科的加盟,源于社会福利理论的社会政策才逐渐成为具有开放性、交叉性和系统性等特点的独立的应用社会科学学科。①

日本的现代化受德国的影响相当多,曾于明治三十年(1897年)成立"日本社会政策学会"。我国所使用的"社会政策"一词,最初便是由日文转移而来的,自20世纪40年代初开始使用。②

作为一门应用性学科,社会政策的研究内容主要涉及政策产生过程的理论和方法,以及政策在各个相关领域中的应用这两个方面。在后一个方面,社会政策又可分为狭义和广义两类。狭义的社会政策范围仅仅涉及劳工和贫民生活,而广义的社会政策则包括国民福利、就业、住房、健康、文化、教育、人口、婚姻与家庭生活、社区及社会公共环境以及宗教等等。显然,狭义的界定所对应的只是狭义的社会福利政策,而广义的界定则对应于各种社会问题的研究。③

三、社会政策的发展

国际所公认的社会政策发挥重要作用的阶段,是从第二次世界大战以后到20世纪60年代的20余年间。④ 第二次世界大战,在某种程度上成为福利国家的预演。在战时的社会生产和全体劳动力实行准军事化的集中管理和统筹调度,以及对主要生活用品实行了全员定量分配,这种政策非但没有降低效率,反而使全社会空前团结。正是在这样背景之下,1942年英国战时联合政府委托无党派人士、经济学家贝弗里奇起草了一份准备在战后实施的社会保障计划——贝弗里奇报告,该报告也被认为是社会政策的里程碑。其核心内容是,

---

① 宋义明、张娟:《论中国共产党的社会政策》,载《胜利油田党校学报》2009年第4期,67-70。
② 郑杭生:《社会学概论新修》,中国人民大学出版社,2002年第三版420页。
③ 宋义明、张娟:《论党的社会政策:问题与对策》,载《中共青岛市委党校、青岛行政学院学报》,2009年第8期,65-68。
④ 陈步雷:《社会法的功能嬗变、代际更替和中国社会法的定位与建构》,载《现代法学》2012年第3期,97-109。

社会福利是社会集体应尽的责任,是每个公民应享受的权利。报告提出要以社会保险为主要措施,全面消除贫困、疾病、肮脏、无知、懒散等各种社会弊病。报告还提出了关于"从摇篮到坟墓"的福利国家制度的许多具体设想,并且迅速在欧洲范围内普及开来。①

四、社会政策的要素

长期以来,人们对社会政策的认识存在一种"误解",认为它是经济发展的负担,不利于企业的竞争等。结合国外的理论研究和实践探索的现有成果,我们认为社会政策是一种生产性要素。这里的"生产性要素"被国际劳工组织就业和社会政策委员会理解为"特别通过提高每个工人或每个工作小时的产出水平(即劳动生产率),持续地提高经济产出总水平的一种力量"。社会政策并不是一种纯粹的政府财政支出,更不是经济增长和发展的负担或束缚因素,而是发展生产、经济增长或持续发展必不可少的促进因素。

"社会政策是生产性要素"这一观点的提出,有多方的理论支持和大量的经验依据。首先,国外一些有识之士早已认识到社会政策的生产性作用。1996年,时任欧洲委员会主席的雅克·桑特在第一届"欧盟社会政策论坛"的报告中就提到了"就业和社会问题作为生产性要素"的观点。他认为"没有经济的发展就不可能有社会的进步;但是,反过来讲,没有社会政策的发展也不可能有经济的繁荣。"同时强调"社会政策不是花费或负担,而是能使我们应对未来挑战的力量源泉,包括国际竞争"。欧洲就业、劳资关系和社会事务委员会负责人弗林进一步指出"社会政策是生产性因素"。他说,"经济政策决定如何生产和如何获取最大利润;社会政策则是决定在何种条件下进行生产,如何在利润被使用时获取更多的益处。所以,从本质上讲,社会政策是生产性因素"。1997年,哈姆瑞杰克在为荷兰轮执主席期间主办的阿姆斯特丹会议上准备的一个报告中,正式提出"社会政策作为生产要素"的观点,之后成为欧盟社会模式现代化改革的指导方针。2005年,国际劳工局理事会就业和社会政策委员会在第四项议程中也提出了"社会保障作为生产性要素"的报告以供讨论。

---

① 刘玉安:《从巴茨克尔主义到布莱尔主义》,载《欧洲》1999年第6期,60-66。

其次,良好的社会政策,一方面通过保证所有人的基本的社会和经济安全,满足人们生存的基本需要,可增强社会的稳定,推进社会公正和聚合,营造经济长期稳定增长所必需的有利环境;另一方面它通过发展和释放人力潜能,降低社会工作风险,还可直接促进生产率的提高。同时,社会政策是生产性要素的观点也得到了有关经济理论的支持。标准的经济增长理论认为,从长远角度看,每个工人的产出(生产率)是由资本投资率和劳动效率,即工人使用资本的技能所确定的。资本投资的目的就是将资本存量保持在"技术前沿"水平。对人的投资旨在维持有效操作资本存量所需的劳动队伍技能。只有实物资本和人力技能同时投资,才能使收入最大化。另外,社会政策是生产性要素的思想可以说与社会资本理论一脉相承。社会资本是指社会网络的信任和参与。1993年,布坎南指出,像其他资本一样,社会资本是生产性的,它使得实现某种无它就不可能实现的目的成为可能。

再次,社会政策是生产性要素的观点得到足够的实践验证。纵观全球,世界上最具生产力的经济体趋于拥有强有力的社会政策体系。2003年,欧盟就业和社会事务处组织的"社会政策缺失成本"的大型调研结果明确指出,"现在的报告是对由欧盟委员广泛的努力来证明社会政策被视为生产性要素而不是对经济活动的障碍的一个贡献"。在2004年英国剑桥大学出版社的《Growing Public》一书中,美国著名经济学家林德特通过对发达国家和发展中国家过去几十年的公共支出与经济增长关系的实证分析,证实政府公共支出对经济增长起着积极的推动作用。

树立社会政策是生产性要素的观念,有助于澄清前面提到的人们对社会政策的错误认识。国际劳工组织社会保障部高级经济学家沃尔夫冈·斯康兹认同社会保障(广义的)是资本主义经济(市场经济)生产过程中内在的、必需的成分。因此,争论社会政策对经济增长是好是坏是完全没有意义的。欧盟就业和社会事务处长阿兰·拉尔森曾指出,社会政策"真正的问题不是开支水平问题,也非它所代表的GDP所占份额,而是开支及开支结构的目的及作用问题"。这一观点也奠定了"公平和效率"或"正义与经济增长"实现双赢的理论基础。在世界范围内,持续的贫困和日益加剧的不平等使人们逐渐认识到,经济增长本身不足以减少贫困,不平等可能是一个决定因素。研究表明,在贫穷国家经济增长发展迟缓,不平等程度高,而富裕国家经济发展快,大多数国家不平等程度较低。这暗示如果政策不保证收入分配上的平等,不平等可能降低经济增长水平,从而进一步影响贫困水平。由此可见,平等不一定与效率相矛盾,良好的宏观经济和社会政策设计可增加经济增长,促进更大的平等,进而减少贫困。

五、社会政策的模式

在社会政策的理念上存在着两种模式:一是自由主义社会政策模式,又称"社会政策的剩余福利模型"。这种模式认为,为了满足社会需要,政府的干预应保持在最小的限度内,自由市场是"自然的",因而也是首要的满足个人需要的渠道。国家的干预只能在市场这只看不见的手不能满足个人的需要时才能介入,自由主义者把个人自由权看作高于其他一切的权利,把保障个人自由权视为满足个人需要的前提条件。另一种社会政策模式是所谓制度性的再分配模型,这一福利思想的代表是蒂特姆斯,他直接抨击了资本主义市场经济对社会弱势群体的剥削,社会政策的作用在于对社会弱势群体采取某种形式的补偿,目的是满足社会需要和改善公共利益,它要求实行资源的制度性的再分配,以保证全体公民生活的安全,提高生活质量,促进社会公平。这种社会政策的两个核心概念是权利和公平,权利概念就是指各种社会服务是作为公民的一种权利提出的,而不是社会上一部分人对另一部分人的恩惠。在这种思想的指导下每个公民都有权获得社会服务,人们在享有这些服务时也没有必要再向任何人或任何党派感恩戴德。有人认为社会政策的本质就是社会权利的扩展,按照公平性原则,社会服务的提供不应针对特殊群体的特殊需要,而是基于人们的普遍需要。在这一原则的要求下社会服务对象的范围在不断扩大。但是在福利国家出现经济不景气的条件下,以税收为基础的福利政策会面临沉重的经济压力。[①]

以上两种社会政策模式的长短利弊还需要在以后的中国发展的具体实践中进行深入探讨,同时也告诫我们,政府在制定政策的过程中一定要谨慎从事,纵观全局。社会政策是一个不断变化和更新的领域。纵向上,社会政策的主线

---

① 丁元竹:《完善社会政策 提高执政能力》,载《科学咨询》2004年第11期,25-26。

是阐述社会各个领域内政府与市场的关系;横向上,它包括了社会发展的方方面面,如社会保障、医疗、就业、住房、教育等等。社会政策从一开始就将自己的核心定位于"公平"与"权利"。在当代社会政策中,从"公平"和"权利"的基本点出发,发展出一系列新概念,诸如"社会排斥""增权"和"社会资本"等,用以作为社会政策研究的新视点与支撑点。

六、社会政策的重要性和意义

关于社会政策,不同的学者有着不同的界定,但同时他们又都承认社会政策是与公民福利有关的国家或政府的政策。即社会政策,就是研究国家与其公民福利之间的关系以及如何通过政策的制定与实施把国家和社会的作用纳入个人的"福利组合"中的一门政策。一系列与国家和社会相关的个人福利问题就是社会政策所要面对的问题,因此,它必然会涉及政府财政、收入分配等领域,以及非政府部门对个人福利的影响。具体而言,社会政策一般包括社会保障政策、文化教育政策、医疗卫生政策、城市规划与住房政策、人口政策等。目前,就业政策也被越来越多的社会政策研究包括在内。[①]

社会政策可以回归到公众关心的各种活动范围中,如保健、教育、经济发展、能源利用、环境保护、社区发展、历史文物保护、产品销售等。这样看来,社会政策的界限似乎很明确,一个部门负责一个相关政策。但事实上,当涉及一些已有制度化基础的社会控制和责任时,可以看到各种公共活动之间常识上的区别,常常是不容易分清楚的。一个政策由几种机构来负责,也可能出现对这一既定的政策有各种各样的解释。因此,认识和调解一个政策问题的几种可能解释的能力,是必需的。社会政策涉及的范围是广泛的,有的政策必须经过严格的讨论才得以出台。随着人类文明的发展和科学技术的进步,社会政策已要求政府、非营利机构和私营机构的决策要有专家和当事人的帮助,否则就不能制定和执行符合实际的政策。决策或决定的形成不纯粹是决策者的事,它需要许多专家和当事人的参与才更符合实际。社会政策不单是政府行为,也是社会行为。

---

① 丁元竹:《完善社会政策 提高执政能力》,载《科学咨询》2004年第11期,25-26。

社会政策是与公民福利有关的国家或政府的政策,这是社会政策的最基本的要求。但广义的社会政策并不限于是政府行为,而是一种社会行为,是一种可以满足社会成员多层次需求的政策,它更强调需求提供与接受的多元化。另外,社会政策是公共政策的一个组成部分,它之所以能成为一个单独的研究领域,是因为社会政策有着不同于公共政策的其他部分的特殊性,这一特殊性主要与社会政策更多地涉及对单个社会成员基本要求的满足有关。社会政策研究与其他社会科学学科相比,与价值观念有着更密切的关系。

建立有效的社会政策,首先要使社会政策集中在政府关注的公共福利活动,实现社会控制以保障满足社会需求这一社会行政传统上;其次,要把社会政策从社会行政传统中释放出来,但是其主要努力方向是强化经济政策和经济机制的自发作用;再次,转向需求的社会合作机制,即政府、企业与社会部门之间需要建立一种合作互动的良性关系,以缓解社会矛盾,适应日益多样化的社会需求。

社会政策可以说是解决或应对社会问题的基本原则或方针。社会政策在现代政治中之所以日益重要,是因为现代的社会问题愈来愈多,有的且愈来愈严重,如果没有社会政策,社会问题将得不到适当或合理的解决,个人与团体的安全和福利也得不到合法的保障,社会将难以保持稳定。所以,当代国家很少有不注重社会政策的制定和实施的,对此,中国要引以为鉴。[①]

第三节　社会政策的制定过程、实施、评估与变动[②]

一、社会政策决策的内容

我们所说的决策,就是指制定政策的过程。而关于社会政策决策的内容,就是指社会政策的制定过程中所要决定的事项。

[①] 丁元竹:《完善社会政策 提高执政能力》,载《科学咨询》2004年第11期,25-26。
[②] 本部分内容主要参考关信平:《社会政策概论》,高等教育出版社,2004年。

1. 是否采取政策行动

在面临社会问题时,政府是否采取相应的行动,即是否决定制定、修改或取消一项或多项社会政策,是社会政策的首要内容之一。

2. 社会政策行动的受益者范围

社会政策行动的受益者范围是广覆盖,还是小覆盖。

3. 福利水平的高低

福利水平的高低是受社会需要和政府财政资源共同影响的。

4. 资源调动方式

在制定社会政策过程中,一般应将实施该项计划所需要的资源及其调动方式做出规划,还需要对完成该项社会任务所需的人员和物资做出计划安排。

5. 社会政策项目的运作方式

一般来说,项目设计时应考虑受益者资格、资金分配比例、资金给付方式或服务递交方式、社会服务的组织设计和社会福利项目的管理模式以及与该项社会政策行动有关的配套政策体系等。

二、社会政策决策的主要影响因素

1. 社会政策的需求情况

社会政策的需求情况,是指社会对政府出台的某项社会政策的需求情况,即社会成员是否有某种需求没有得到满足,或者社会中是否存在着某些问题需要政府出台一项社会政策来解决。政府发现部分社会成员的某些需求没有得到满足,或者发现存在着某种社会问题以后,往往首先需要对这些需求和问题的严重程度做出评估,然后再决定是否出台政策,在多大程度上必须出台政策。

2. 政府和执政党的目标

政府和执政党的基本目标和基本职责之一就是要满足人民群众的基本需求和解决各种社会问题,但是由于任何政府(或政党)同时也还有其他的目标和职责,因此在很多情况下,对一项社会政策行动必要性或重要性的评估不得不服从政府更为基本的、更为急迫的目标及任务。

3. 社会政策的预期效果

一项社会政策能够达到其目标的程度称为社会政策的预期效果。对社会政策预期效果的重视,要求政府在有满足人民群众需求和解决社会问题的动机的前提下,还得寻找更为有效的方法。

4. 政府的财政能力及社会政策行动的成本

政府调动资金以投入社会政策行动的能力就是政府在社会政策中的财政能力。一个国家政府的财政能力,既取决于该国的经济水平发展和全社会的财富状况,同时也受其政治体制、国家经济和社会事务方面功能的强弱等因素的影响。

社会政策的成本,是指一项社会政策在其实施过程中所需要的经济开支和需要付出的各种代价,从广义上讲,社会政策的成本不仅是指经济成本,还包括政治成本与社会成本。政府对其社会政策的基本倾向决定了其对社会政策成本的重视程度。"二战"以后,欧洲一些福利国家在对待其社会政策模式的过程中,一度忽略其社会政策的成本,而只重视社会政策产生的效果,结果导致政府的财政开支难以控制,不仅影响了经济发展,还引起许多纳税人的不满。20世纪80年代以来,许多国家在社会政策方面都加强了预算控制。

5. 制度方案和技术条件

制度方案和技术条件是保障一项社会政策能够正常运行、有效实施和高效率达到其目标的重要条件。制度方案和技术条件必须合理可行。

三、社会政策制定过程的主要环节

社会政策的制定过程必须按照一定的步骤来进行。我国的社会政策的制定过程大致要经过:确立政策议程、设计政策方案、可行性研究与试点、审批与通过社会政策、发布政策文本等环节。

(一)确立社会政策议程

1. 社会政策议程的基本含义

所谓"社会政策议程",一般特指政府在面对各项任务时,按照其轻重缓急程度而安排的制定社会政策的计划。社会政策议程的实质,即政府在面对社会问题时采取的优先性选择情况。从内容看,包括两层含义:一是时间安排,将急需的和比较重要的政策放在前面;二是资源配置结构,对重要的政策行动投入更多的资源,以集中力量尽早完成政策制定过程,而对不太重要的问题则可以留给少数机构和人员慢慢研究。

广义的社会政策议程除了政府的议程以外,还包括公众的议程,即公众对问题优先性的态度。公众的议程是社会成员的广泛参与和讨论而形成的相对的共识,代表大多数社会成员对问题的认识和态度。但各种利益集团及其领袖人物、知识分子和技术专家、大众传媒等常常发挥着更加重要的作用。

2. 社会政策议程产生的方式

相应的政府议程决定一个社会问题能否进入社会政策的程序。在政府议程的形成过程中,政府议程与公众议程有着密切的关系。

(1)分析和评估:组织调查研究,广泛收集相关的信息;分析各种信息,掌握确切的情况,包括社会问题的严重程度和需求程度;初步评估该问题可能在社会各个方面产生的后果,以及对执政党和政府基本目标的影响程度。

(2)决定:是否启动一项社会政策行动;是否着手制定、修改或终止一项社会政策。

3. 影响社会问题和社会需要进入社会政策议程的因素

从客观事实看,某个社会问题或社会成员的某种需要能否进入社会政策议程,取决于以下几个方面:社会需要和问题的严重程度,是否被公众或政府所清楚认识,社会结构,政治体制。

从社会成员方面看,不同类型的人员中以不同的方式影响着社会需要和社会问题进入社会政策的议程:普通公民,政治家,研究者和专业人士,利益集团,大众传媒,知名人士,社会工作者。

(二)社会政策方案的设计

所谓社会政策方案,是指社会政策具体的行动计划,包括政策行动的基本内容、规模和水平、受益对象、资源调动方式、运行机制、组织方式及具体的实施方案等内容。在方案设计阶段主要有基线调查、初步方案设计、多个方案的比较、可行性研究、试点和最终方案的确定等。

1. 基线调查

（1）定义：又称基础情况调查，是指在一项政策行动开始之前，针对该行动所需要解决的问题及其相关问题的现状做详细调查。

（2）意义：收集当时、当地与该项目主要行动有关的数据，以便为项目设计提供基本数据；掌握在项目开始时所及区域中与项目有关的主要问题的现状，以便将来与项目执行后某一时间的情况进行比较，以评估项目执行的效果。

2. 初步方案设计

初步方案设计，一般要解决以下六个方面的问题：①社会政策的总体目标：解决哪些问题；②社会政策的具体行动及其目标：在特定的时期内，某一项目应该完成哪些问题，获得哪些预期成果；③可调动资源：为实施该项政策或特定的项目而需要投入的经费和人力等资源，以及资金和人力等的具体来源；④社会政策的基本体制和项目运行机制：社会政策行动或具体的项目采用何种方式运行；⑤受益者及其预期后果分析：哪些人受益，受益程度如何；⑥社会政策行动的组织管理：哪些部门、机构主管、参与，以及其责任、权力。

3. 方案比较和最优方案的初步选择

在初步方案阶段结束后，决策者要依据一定的价值原则和技术标准，对多种方案做出评估和选择。

（1）价值原则：各方案符合政府的政治、经济和社会发展目标的程度；对政府和执政党的正面或负面影响的程度；可能对社会各个群体之间的关系产生何种影响，并因而导致何种社会反应等。

（2）技术标准：各项方案能否有效解决问题，对政府各种目标的兼容程度，各种方案实施中的效率（资源投入—产出的关系），可行性程度等各方面的情况。

（三）社会政策的可行性研究

1. 含义

可行性研究，也称可行性分析，是指运用各种社会调查及其他的技术和方法，分析社会政策方案是否可以实施，确定社会政策方案在实践中获得成功的可能性。

2. 可行性研究的一般内容

(1)政治方面的可行性研究:首先分析与现行法律法规、执政党主导意识形态有无矛盾;其次分析社会政策方案在社会上可能产生的后果;最后分析社会政策方案对社会各个群体产生怎样的利益关系。

(2)经济方面的可行性研究:首先分析一个社会政策方案所需要的资金的政府承受能力;其次分析社会政策将给经济发展带来的影响;最后分析实施这一社会政策将对整个社会的经济权力的分配产生何种影响。

(3)技术方面的可行性研究:首先分析社会政策方案需要哪些管理和技术手段,当前技术水平是否满足需要;其次分析各种管理和技术手段的成本和效果。此外,有些比较复杂项目的可行性研究内容还需要扩展到社会文化、历史分析、国际因素等领域。

3. 可行性研究的方法特点

实证性研究与规范性研究相结合;定量分析与定性分析相结合;民众的意见与领导人意见、部门意见、专家意见相结合;多学科和多种具体方法的结合。

4. 可行性研究的结果

可行性研究的结果包括否定、支持及有条件支持。

(四)社会政策的试点

1. 社会政策试点的含义与意义

(1)含义:一种局部的社会实验,指决策者为了验证社会政策方案的可行性,暴露其存在的缺陷,在政策正式实施之前先在局部区域将社会政策的方案做实验性的实施,并在此过程中掌握有关社会政策实施过程及其效果的实际情况。

(2)目的:为了检验某项社会政策方案的可行性和效果;为了发现该方案存在的缺陷;为了发现该项社会政策方案的实施可能带来的社会后果,尤其是其负面的后果,以便在全面实施该项政策方案之前做好相应的准备和改动。

2. 社会政策试点的一般程序和要求

(1)程序:选点、开展试点工作、试点工作的总结及效果评估。

(2)要求:社会政策试点工作的一个基本要求是在其各个环节都应该保持客观性、真实性与科学性。选点应该注意所选出的试点具有典型代表性;试点应该尽量选择客观、真实的社会条件;试点工作的总结和评估更应实事求是,全面总结和评估试点工作的结果,尤其是要充分总结和分析试点过程中发现的社会政策方案的不足之处。

3. 试点工作的评估结果

一是获得无条件通过,二是有条件通过(即总体方案可行,但细节需要修改),三是经过修改后重新试点,四是被否定。

(五)社会政策的审批与文本发布

1. 社会政策的审批

社会政策的审批,就是将社会政策方案交给最高决策层讨论,以决定是否批准实施的过程。

2. 政策文本的发布

一是确定社会政策文本的形式,二是社会政策文本的发布方式。

(1)确定政策文本的形式。

国家正式的法律文本,由国家立法机构(人民代表大会)通过正式的立法程序通过的法律文本,这种正式的法律文本在人民代表大会或其常务委员会投票通过后,经国家主席签署,以"中华人民共和国××法"的名义发布。

政府行政机关发布的政策法规文件,按其权威性和强制性程度的不同,大致可以做以下排序:国务院发布的"条例"(权威性和强制性仅次于国家立法机关颁布的法律),适用于重要的长期的社会政策;中央或地方政府行政机关及其职能部门发布的各种"实施细则"和"规定";中央或地方政府或其职能部门发布的通知、意见、讲话等类型的政策文本,适用于在社会政策的动态发展过程。

(2)社会政策文本的发布方式。

国家立法机构通过的法律文本在经国家主席签署,以国家主席令的方式向全社会发布。发布的方式是在主要报刊上全文登载法律文本,并且在主要电台电视台上报道有关新闻。同时通过一定的权威出版社出版该法律的单行本,并将之编入权威的法律汇编;中央政府的行政法规签署公布后,会及时在国务院公报和在全国范围内发行的报纸上刊载。国务院法制机构会及时汇编出版行政法规的国家正式版本。在国务院公报上刊登的行政法规文本为标准文本。地方政府的规则一般在当地范围内公布,国家法律和政府行政法规一般要规定开始实施的时间。由于许多政策在新旧政策之间的前后衔接及过渡需要一定的时间,因此新的政策一般会在公布之日之后的一定时间内开始实施。

四、社会政策的实施、评估与变动

(一)社会政策实施

社会政策实施,是将一项社会政策行动的方案付诸具体行动的过程。社会政策实施有广义和狭义之分:广义的实施是指实施者为贯彻、落实社会政策指令,以达到预期目标的全部活动和整个过程;狭义的实施专指某项政策与法规、方案、决议、意见等的具体贯彻、推行和实施,不包括一些准备和善后工作,也不包括对实施的监督与反馈。

社会政策实施的意义:社会政策的实施是实现社会政策目的的唯一途径;社会政策的实施决定着社会政策目标能否实现以及实现的程度;社会政策的实施是检验政策法规是否正确的现实根据;社会政策的实施是使社会政策得到修正、补充和完善的根本途径;社会政策的实施对于社会政策功能的发挥起着重要的作用;社会政策的实施活动及其后果是新的社会政策制定的重要依据。

(二)社会政策的评估

1.社会政策评估的含义和意义

(1)社会政策评估的含义:社会政策评估是指根据特定的标准,对社会政策进行衡量、检查评价和估计,以判断其优劣的活动。

(2)社会政策评估的重要意义:社会政策是一个复杂的过程,在实施过程中要受到来自各个方面的影响,而任何完善的决策和精致的计划都难以保证社会政策实施过程能够自动地按照计划进行。因此社会政策的实施过程需要加以监控,避免发展方向发生偏差;在许多情况下社会政策决策本身是一个不完善的过程,产生的社会政策行动方案可能是一个尚待实践检验的方案。在这种情况下,更需要在社会政策实施过程中通过政策评估等方式对政策方案不断地加以检验。

(3)社会政策评估的作用:在社会政策实施过程中可以通过政策评估帮助社会政策的执行者准确地掌握社会政策行动的进程,发现并解决存在的问题;通过政策评估,社会政策的执行者和决策者可以清楚地看到社会政策方案的阶段性效果,包括正面的收效和负面的结果,方便政策的调整、改革;通过政策评估,可以对社会政策的执行者加以监督,及时纠正某些机构或工作人员在掌握政策方面的偏差,使社会政策行动能够始终沿着正确的方向发展。

2. 社会政策评估的分类

社会政策评估的主体是评估行动的组织者和执行者。按评估主体分为行动领导评估、政策执行机构评估、专家评估和群众评估。

(1)行动领导评估。

最直接的评估方式。优点:领导人亲自主持评估工作,一方面可以缩短评估结果到政策制度和调整过程之间的时间,同时也可以使基层官员和职能部门工作人员更加重视社会政策行动。缺点:领导人往往因为工作太忙,或受专业知识的限制而无法对社会政策过程及其效果做出细致的分析,而且领导人还可能因个人偏好而出现偏差。

(2)政策执行机构评估。

优点:由于执行机构都处于政策法规系统内部,往往掌握了大量第一手资料,对于整个政策过程比较熟悉,有利于评估活动的展开。缺点:因为他们处于政策法规系统内部,所以实际上是自己对自己做评价。一方面,容易美化自己,夸大成绩,掩盖失误;而且旁观者清、当局者迷,难以客观地评价自己。另一方面,评估往往代表着某一机构的利益,这也使得评估容易走向片面,难以做到科学、公正与客观。

(3)专家评估。

优点:运用专业理论知识和调研分析方法,可以在一定的时间里专门投入到评估工作中,因此能够进行较细致的评估工作。同时,又较为客观。缺点:往往受价值观念和主观偏好的影响,有时会受到利益群体的影响;专家往往不参与政策行动本身,可能缺乏对政策行动过程及后果的直接感受。

(4)群众评估。

优点:对社会服务机构有比较直接的了解,具备最直接的经验。同时,在评估人数比较多的情况下,也可以更好地避免个人价值和偏好的影响及利益集团的左右。缺点:需要非常复杂的组织安排,评估成本较高,另外评估多是感性认识,缺乏理性思考。

3. 社会政策评估的对象及内容

社会政策评估的对象(被评估的社会政策行动)主要包括两个层面:一是政策方案本身;二是政策实施的行动。

社会政策评估的内容:社会政策方案是否合理,社会政策方案在实践过程中表现出来的必要性、有效性和可行性;政策实施行动是否得力,主要看组织工作是否得力,机构设置是否合理,规章制度是否合理完善,资金资源调动是否及时并合理使用;社会政策行动是否取得了预期的效果,取得的阶段性成果的数量、质量和价值,社会政策成果的政治、经济和社会意义分析,以及社会政策实施行动的效率。

(三)社会政策的变动

社会政策的变动是指社会政策的制定者依据评估结论反馈的信息,对社会政策的内容与形式予以部分改变或全部改变的行为,它实质上是制定过程的延续。

1. 引起社会政策变动的基本原因

(1)政策本身的原因。政策本身的原因主要有原定政策不恰当,如目标过高或过低、政策实施方案不完善;政策实施的总目标或阶段性目标已达到,要追求更高目标;无法达到预期目标或运行效率太低。

(2)政府方面的原因。政府方面的原因主要有政府社会政策目标改变。如领导人更换。

(3)来自社会方面的原因。来自社会方面的原因分为来自社会政策对象、来自利益群体、来自普通公众的态度等方面的原因。

2. 社会政策变动的方式

(1)社会政策的修订,是指对有关政策作局部修改。即在不改变政策基本框架的情况下,只做一些技术性的调整。

(2)社会政策的改革,是指对一项社会政策的基本框架或社会政策体系做出带有根本性的改变。

(3)社会政策的终止,是指政策制定者根据一项社会政策运行中的实际情况而决定终止实施该项社会政策的行为。有下列情况之一时,决策者会终止该项社会政策:一是完成使命,二是无法达到预期的效果,三是负面影响太大。终止是一个复杂的过程,一方面,社会政策终止会使原来的政策受益者失去一些利益,因而带来新的利益分配格局,并可能导致新的利益冲突;另一方面,社会政策的终止不仅仅是原有政策活动的停止,而且还涉及相关机构的合并或撤销、人员的裁减或调动,因而会导致各种不同的群体、组织和个人对此产生不同的反应。为了避免带来更多的矛盾,社会政策的终止过程常采用渐进的方式进行,包括采用政策行动逐步缩减、与其他政策合并、将一项政策行动逐步分解为多个行动,以及用新的政策行动及时替代老的政策行动等方式来逐渐终止原有的政策行动。

第四节 政策和法律的关系

一、法律的基本内涵

法律通常是指由社会认可国家确认立法机关制定规范的行为规则,并由国家强制力(主要是司法机关)保证实施的,以规定当事人权利和义务为内容的,对全体社会成员具有普遍约束力的一种特殊行为规范(社会规范)。[①]

二、政策与法的区别

政策是一定社会集团为实现一定利益或完成一定任务而确立的原则和行

---

① 林媛媛:《以法为据 道德当身——浅析法律与道德的关系》,载《法制与社会》2014年第12期,9-10。

为准则。按照政策制定的主体可以分为国家政策和政党政策;按照政策规定的范围大小,又可分为总政策、基本政策和具体政策;从政策制定的层次上可以分为中央政策和地方政策。很多学者在比较研究政策和法律的关系时,更多的是关注政党政策和法律的关系。事实上从世界范围来看政党政策较为普遍,而政策与法律的相互作用、影响也能直接反映该国的法治水平。我国在政策和法律的相互关系上走了一条与其他国家不同的道路。当今中国提出走法治之路,也许应该回顾历史,检点现在,对真正实现法治是不无裨益的。[①]

社会主义法律和党的政策虽然联系紧密、相辅相成,但是它们毕竟是两种社会规范,有着各自的特点和作用,二者不能相互代替。这是因为有下列几点区别:

1. 制定主体不同

狭义的法律只能由有权制定的国家机关(全国人大及其常委会)制定,具有国家意志的属性。行政法规和地方法规分别由国务院和地方有权机关制定。而党的政策由党中央制定,不具有国家意志的属性。有的学者忽视政党领袖在政党政策制定上的作用,或者认为政党领袖仅仅是作为政党的代表提出某项政策并且是以政党的名义发布的,因此还应当是由政党组织制定的。但实际上有些政策是由政党领袖个人意志决定的。[②]

2. 制定程序不同

法规的制定程序由法律规定,比较严格,而政策没有严格的制定程序。

3. 表现形式不同

法律的表现形式有制定法、习惯法、判例法、权威性理论等,政策的表现形式有宣言、纲领、决议、声明、口号、领导人讲话、党报社论、党内文件、通知等。[③]

4. 效力和实现途径不同

法律是由国家强制力保证实施,并具有普遍的约束力。政策是通过思想工

[①] 黄捷:《论程序化法治》,华中师范大学出版社,2007 年。
[②] 肖顺昌、潘洲洋:《中国法治现代化必须注意的几个关系》,载《湘湖论坛》2005 年第 4 期,70-71。
[③] 冯兆斌:《群众监督与社会主义法治进程的关系辨析》,载《传承》2008 年第 3 期,120-121。

作、说服教育、党员的模范带头作用以及党的纪律保证来实现的,党的某些政策并非对每个公民都具有约束力。

5. 调整和适用范围不同

法倾向于只调整可能且必须以法定权利义务来界定的,具有交涉性和可诉性的社会关系和行为领域。一般而言,政党政策调整的社会关系和领域比法律要广,对党的组织和党的成员的要求也比法的要求要高。但这并不意味着政党政策可涵盖法的调整范围,法也有其相对独立的调整空间。比如,具体犯罪问题只能由法律规定。①

6. 稳定性和灵活性不同

法具有较高的稳定性,但并不意味着法不能因时而变,只是法的任何变动都必须遵循严格、固定且专业性很强的程序,程序性是法的重要特征。政策可应形势变化而做出较为迅速的反应和调整,其程序性约束也不及法那样严格和专门化。但这并不意味着政策可以朝令夕改或无最基本的程序要求。相对法律而言,政策灵活多变、稳定性不强。

三、政策与法的关系:功能的共用性、内容的一致性、适用的互补性

执政党的政策与法律在本质上的一致性以及形式上的不同品性,决定了二者的相互关系。政策与法律在本质上的一致性,集中表现在它们都是以统治阶级的政治权利为基础,服务于政治权利的要求,实现维护、巩固统治阶级的目的。②

第一,党的政策是法律的核心内容。党通过把自己的政策上升为法律,并通过政策的法律化来实现自己的政治领导。第二,法律是通过国家政权在社会生活中贯彻的政策的基本手段。党的政策被制定为法律,上升为国家意志,能够获得有力的实施保障。政策的法律化,使政策借助法律形式的合理性得到更

---

① 欧婷:《经久不衰的自然法学——读〈认真对待权利〉之思考》,载《湖北警官学院学报》2012年第8期,50-51。
② 徐薇:《宽严相济刑事政策制度化研究》,载《公民与法(法学版)》2010年第3期,41-43。

好的贯彻。第三,党的政策能够促进法律的实现,树立法治的权威。此外,由于法律与党的政策具有价值取向上的一致性,国家立法、司法和执法机关只有理解政策才能体会法律的精神,更好地在生活中实现法律。第四,正确认识党的政策与法律的关系,既不要把二者割裂、对立起来,也不要把二者简单等同。

其一,在倡导法治的条件下,把政策与法律对立起来,认为政策是法治化的阻碍,这其实是对过去那种以政策代替法律的观点的矫枉过正,没有认识到或否认了党的政策对法治化进程的指导作用。而把二者等同起来的观点认为,党的政策就是法,是我们最好的法,其实最容易导致的后果是以政策取代法律,就会为以言代法大开方便之门,出现上有政策、下有对策的局面,使党的政策得不到切实贯彻执行。其二,以党的政策代替法律,不利于发扬民主。社会主义法律应是人民意志的体现。在社会主义国家,人民当家做主,法律经过人民参与和民主程序而产生,是党的主张与人民意志的统一。以党的政策代替法律,有使党脱离群众的危险。其三,以党的政策代替法律,使党的领导陷于国家事务的具体管理业务中,不利于党和国家政治生活中的民主集中制原则真正贯彻实施。正确认识政策和法律的关系,就是要看到二者之间的一致和不同,从而看到二者之间的相辅相成和互补性。①

法律和政策的相互影响和相互作用能反映一个国家的法治水平。在法治国家,政党以政策影响立法过程,以实现政党利益;另外,在社会控制系统中实行法律至上。也就是说,政党总是力图在立法中体现自己的政策,但在实行社会管理时又严格遵守法律。一些社会主义国家在政策与法律的关系上走了曲折的道路,重政策轻法律,甚至以政策代替法律,客观上造成了社会的巨大动荡和法治文明的倒退。

党领导人民制定和修改宪法,把党的主张上升为宪法,反映的就是人民的意志,因为党的路线和方针政策是广大人民群众愿望、要求和利益的体现。宪法是党的正确主张和人民共同意志相统一的法律体现。

---

① 孙国华、王立峰:《依法治国与改革和完善党的领导方式和执政方式——以政策与法律关系为中心的考察》,载《中国共产党》2002年第4期,64-66。

1. 法是实现执政党政策的工具

在共产党领导下的社会主义国家,以法的形式肯定共产党的执政地位,对巩固共产党领导人民所取得的胜利成果,实现共产主义伟大纲领,贯彻各项方针政策起着无可替代的作用。

2. 党的政策是国家立法之源

中国共产党在国家政治生活中处于领导地位。树立党在国家活动中的威信是中国各项事业朝着正确方向前进的必然要求,坚持党的领导,发挥党总揽全局、协调各方的领导作用,主要依靠党实行民主科学的决策,制定和执行正确的路线、方针、政策,来推进社会主义建设事业不断前进。这体现在中国共产党领导下的人民代表大会制度中,中国社会主义具体实践与探索中出现的种种问题,往往先经党的代表大会讨论分析并向全国人大提出立法建议,再由全国人大以法的形式予以公布。关于政治方面和重大经济、行政方面的立法,在制定前,全国人大常委会党组应将立法的指导思想和原则呈报中共中央审批。

3. 党的政策与法的灵魂的结合

在我国,党的政策与法的灵魂二者统一于人民的根本利益。要实现党的领导首先要靠党的政策的正确性。政策正确与否的一个重要检验标准就是看是否符合最广大人民的根本利益,能否在人民群众的实践中经得起检验,从而得到人民的拥护。而法的灵魂是实现公平与正义,法所要维护的就是其所辖范围下所有个体的权益并确保其公平。一切公民个人的生存权,发展权,自由权,表达权与参与权无不通过法的形式得以肯定。由此可见,政党政策所给予的终极指向与法所诉求的共同点都着眼于最广大人民的利益。①

党的政策与国家法律是一种什么关系?

源自:学习习近平总书记重要讲话之二

党的政策与国家法律到底是一种什么关系?我们应该如何处理这种关系?

---

① 刘德伦:《90年来党领导我国法治建设的进程与经验探讨》,载《理论探讨》2011年第5期,24-26。

第二章 社会政策

应当说,这是一个老话题,但更是一个大问题。

习近平总书记在2014年年初召开的中央政法工作会议上指出,要正确处理党的政策和国家法律的关系。我们党的政策和国家法律都是人民根本意志的反映,在本质上是一致的。党既领导人民制定宪法法律,也领导人民执行宪法法律,做到党领导立法、保证执法、带头守法。政法工作要自觉维护党的政策和国家法律的权威性,确保党的政策和国家法律得到统一正确实施。要正确处理坚持党的领导和确保司法机关依法独立公正行使职权的关系。各级党组织和领导干部要支持政法系统各单位依照宪法法律独立负责、协调一致开展工作。党委政法委要明确职能定位,善于运用法治思维和法治方式领导政法工作,在推进国家治理体系和治理能力现代化中发挥重要作用。

这是一个关于新时期政法工作的高度概括与精确判断。

毫无疑问,党的政策和国家法律既是一个相互一致的关系,又是一个相互补充的关系。

首先,两者在本质上是互为一致的。众所周知,党的政策是国家法律的先导和指引,是立法工作的主要依据和司法活动的重要指导。党的政策只有通过国家权力机关的立法活动,才能上升为法律;同样,当党的政策上升到法律层面之后,才能形成固化的法律。对全体政法工作者来说,维护法律的权威就是维护党的政策的权威,实施法律就是贯彻党的主张和意志,遵守法律就是党的领导的具体体现与党员先锋模范作用的发挥,依法办事就是执行党的政策,依法办案就是落实党的政策。总之,都是为了保证党的领导、人民当家做主与依法治国有机统一目标的实现。

其次,两者在功能上是互为补充的。毋庸置疑,法律是政策的转化与固化,政策是法律的渊源与来源。换言之,法律就是将通过实践证明而行之有效的党的政策以定型化、条文化和规范化的方式出现,其内容具有确定性、规范性,并由国家的强制力来保证实施,因而对全体社会成员具有普遍的约束力。而党的政策是党的主张和意志的体现,对党的组织和党员及相关人员具有约束力。但是,因其相对来说都比较抽象,带有号召性和指导性,只能靠党的纪律制裁作为实施的保障,而不依靠国家强制力。新中国成立尤其是改革开放以来,我国的法律无一不是以党的政策为依据而制定的。所以也可以说,法律的制定与修订,正是体现了党的政策的不断改进与提升,更体现了党的领导水平的不断加强与完善。从这个意义上讲,法律是实现和贯彻党的政策的一种最有效的手段。当然,我国法律的实施也不能脱离党的政策的指导,只有正确理解党的各项政策,才能正确、全面地理解和掌握法律的基本精神和内容,才能根据形势的需要,正确地执行和实施法律。可见,两者各有所用、各有所值。两者既相辅相成,又相互补充。

最后,两者相互关系的正确处理是新时期政法工作的指针与方向。鉴于我国社会主义法律与党的政策之间既有联系又有区别、既相辅相成又相互补充的关系,任何将两者对立起来、割裂开来或者等同起来的想法与做法,都是不正确甚至是错误的。只有正确认识两者之间的关系,才能进一步提升维护党的政策和国家法律的权威性,确保党的政策和国家法律得到统一正确实施的自觉性与主动性。在推进法治中国建设的进程中,要学会充分运用法律来贯彻和实现党的政策,要善于运用法治思维和法治方式领导政法工作。在政法工作中,要改革和完善党的领导方式与执政方式,提升党的领导能力与水平。同时,还要正确处理坚持党的领导和确保司法机关依法独立公正行使职权的关系,各级党组织和领导干部要支持政法系统各单位依照宪法法律独立负责、协调一致开展工作。各级党委政法委要明确职能定位,要抓大事、谋大局,要注重于宏观指导,致力于公平正义,不要着眼于个案的批示与协调,不要纠结于个案的利益与关系。

老问题需要新思维,那就是法治思维;大问题需要大思路,那就是大局观念。在法治中国建设进程中,在推进国家治理体系和治理能力现代化中,如何正确处理党的政策与国家法律的关系,如何培养法治思维以指导政法工作,如何运用法治方式以领导政法工作,这对所有政法工作者来说都将是一个光荣而艰巨的新考题。

本章小结

本章对政策的概念、内容、特征及分类进行了阐述,旨在对政策作整体性、全局性的描述,还介绍了政策与法律的区别与联系。在社会政策方面,对社会政策的内容、模式、制定过程、实施、评估和变动进行了重点阐述。了解社会政策,把握政策与国情之间的关系,才能更好地理解政策。

问题讨论

1. 简述政策的概念、内容。
2. 简述政策的特点。
3. 简述政策与法的区别和联系。
4. 简述社会政策的概念。
5. 简述社会政策的要素与模式。
6. 简述社会政策的制定过程、实施、评估和变动。

第三章　中国保密法制的历史沿革

本章首先介绍古代保密法制的建设,不同时期保密法制的不同,接着介绍国外保密法制的相关情况,继而介绍近代中国的保密法制的基本情况。通过本章的学习,应该能够了解以下内容:

1. 不同时期保密法制的特点。
2. 国外保密法制的基本情况。
3. 掌握比较学习的方法。
4. 当前我国保密法制的形势。

第一节　中国古代保密法制

保密作为国家安全和发展的重要组成部分,在中国也有几千年的发展历史。中国古人很早就认识到了保密工作对于国家机器顺利运行的关键性和必要性,很多著名的古代著作对于保密工作已经有了一定的描述。不过,在当时社会,君主在一定程度上就是国家安全和利益的代表与化身,有关保密的论述主要从君主的角度展开。

一、先秦时期

我国有文字记载的保密思想可以追溯到四千多年前的商、周时代。夏商周奴隶制国家建立,设立了古代记事的官吏,他们保管文书、记录时事,并已初步有了兼有保密职能的官位"祕祝",负责处理有关政务和军务的秘密事项,这大概是保密法律制度最早的雏形。①《周易》中对保密的思想以及君、臣各自应承担的保守秘密的责任做了最初的阐述:"子曰:'乱之所生也,则言语以为阶。君不密则失臣,臣不密则失身,机事不密则害成,是以君子慎密而不出也。'"意思是君主如果不能保守秘密,就有臣子背叛和离去的危险;臣子如果不能保守秘密,就有丧失身家性命的危险。商末周初,为了保证军事行动的安全,姜尚发明了"阴符""阴书"等传递秘密的方法。"阴符"是按照事先约定,以不同长度的木板、竹节代表不同的含义。由于符上并无文字记载其秘密事项,即便丢失或为敌方所得也不致泄密。"阴书"是将有关秘密事项以文字刻写在一块木板上,尔后一破为三,各执一片,人到齐后,合三为一,方能显示出完整的秘密事项的内容,这样也能避免因其中一片在传递途中丢失而使秘密泄露。②

到了春秋战国,新兴地主阶级兴起,与旧奴隶主矛盾凸显,同时各诸侯国林立纷争,斗争更为频繁激烈,窃密和保密的斗争也备受重视。史官分工也更加明晰,"大史掌国之六典,小史掌邦国之志,内史掌书王命,外史掌书使乎四方,左史记言,右史记事"。由于史官掌握国家机要,因此多由统治者信任的人担任,并实行单一世袭制。而这时期的保密技术多体现在军事斗争方面,《孙子兵法·用间》中"事莫密于间、赏莫重于间",便足见当时人们对保密重要性的认识。诸如"泥封""火漆"等秘密通信手段就是这个时期发明的。

古代的保密制度是随着保密思想的产生而建立的。不同学派的学说从不同的层面暗含着保密的思想,其中法家的学说暗含保密的思想最多。法家代表韩非子主张君主应当将保密作为一种重要的统治手段,提出事以密成、语以泄败的观点。除此之外,还将心藏不露视为君主掌权必须遵循的三大原则之一(另外两大原则为独自决断和独揽权柄),否则君主将不能听到忠直之言,这些思想都为古代君王的统治提供了很好的策略。③

---

① 彭可:《中国古代保密法律制度初探》,载《辽宁警专学报》2011年第1期,20-22。
② 宋海龙:《"保密工作的发展轨迹"之一保密工作的历史变迁》,载《保密工作》2013年第1期,54。
③ 张群:《论中国古代保密文化》,载《北京电子科技学院学报》2013年第21期,14-22。

二、秦汉时期

到了秦汉时期,保密工作分别由丞相府和御史府分管。秦汉的保密工作体现在中央及地方政权信息传递、军事信息使用及传递、重要政务的保密和邮驿(主要是为传递官府文书、军事情报而在道路旁修建驿站,并设有专门邮递人员和马匹从事邮驿工作)法制等方面。①

1. 中央及地方信息的保密规定

除了与君主自身直接相关的各种信息之外,有关宫省(设在皇宫内的官署)的其他事项也在需要保密之列。当时制度规定,宫内有省、省在宫中、入宫有限制、省中戒备更严。由于皇宫系君主日常居住的区域,省内情况更需保密。这些都属于保密范围。"漏泄省中语"是当时一种极重的罪名。

2. 军事行动的保密规定

军事行动需要具有隐蔽性、突然性和有效性,因此有关军事行动的情报就更需律法保障其秘密性。在战争期间的军事行动中,有关各方对于保守军事机密无不高度重视。在楚汉相争初期,刘邦无奈退据汉中,"明修栈道、暗度陈仓",这是在攻击方向上的掩饰与保密。

3. 重要政务的保密规定

重要政务需要保密的事项当然是多方面的。例如,在官吏任用过程中有不少需要保密的内容。如果泄露这方面的秘密,将会受到严厉惩处。

4. 公文秘籍传递过程中的保密制度

当时政务信息传递的最主要的方式是书面形式的公文。因此,秦汉王朝十分重视对公文秘籍的控制与传递。早在周代就已形成一套较为完备的邮驿制度。至秦朝,颁布了专门的邮驿法规,后人称为《秦邮律》,这可以说是世界上最早的邮政法,对传递各类文书的时间、登记都有明确规定。秦代以律为法,规范较为完备。《行书律》规定:行命书及书署急者,辄行之;不急者,日觱(毕)勿

---

① 彭可:《中国古代保密法律制度初探》,载《辽宁警专学报》2011年第1期,20-22。

敢留。留者以律论之。对文书分为"急"与"不急",并且当天不准积压,可见对文书的传递与保密已相当重视。中央政府掌管公文秘籍的官员须遵守相关规定,不允许其擅自出借、传写所谓的"秘书"。

汉承秦制,完善和发展了前朝的邮驿制度,对邮与驿做了区分,邮指短途传递(人力),设邮亭管理;驿指长途传递(马力),设驿站管理。除此之外,汉代刑法对泄密人员规定了一系列惩处措施,如《汉书》规定"漏泄省中语""泄密书""探密事"在当时是一种严重的罪名,轻者沦为庶人,重者腰斩或弃市。汉代出现了公文的密级,机密文书须有专人封送,这与统治者的重视程度不无关联。① 此外,在汉代,保密技能有了两项新的发明:一是发明了用皂囊封书,二是用封长檄(印封的长牒)传递秘密。

而在思想方面,则体现在儒家思想对臣子的要求。作为君主的相对方,臣子保密是另外一个重要方面,汉代开始形成忠臣不显谏,即大臣奏事不宜漏泄的传统。而这背后的逻辑是,保密是臣子的一项义务,是对皇帝忠诚的表现,这也是当时儒家思想受到重视的一个原因。

三、唐宋时期

我国古代的保密制度发展至唐代,已经初具雏形。唐代上承魏晋,下启宋代,处于中国封建社会的大变动时期。经历了魏晋南北朝长达三百多年的动乱以及隋朝的短暂统一,中国社会到了唐代才真正进入长时间的统一安定时期。该时期统治阶级为了进一步加强中央集权的统治,从行政管理方面,制订了一套较为完整,旨在维护和强化封建政治秩序的保密制度。这些制度,既有行政手段,又有法律规定,广泛应用于政治、军事、司法、经济、文化等多个方面。此时期颁布的《唐律疏议》不仅是我国现存最完整的法律,亦是各方面制度的集大成者,其对国家秘密的规范更加完善、明确,对泄露秘密的人员也处罚得更加严酷。② 应该说唐代的保密制度已臻完善,这对后世产生了深远影响。

安定统一的社会环境为唐代进行保密制度建设提供了保障,同时又使该时

---

① 宋海龙:《"保密工作的发展轨迹"之一保密工作的历史变迁》,载《保密工作》2013年第1期,54。
② 徐世龙:《唐代保密制度与泄密问题研究》,陕西师范大学论文,2013。

期的保密制度具有鲜明的时代特色:①相对于前朝,唐代对于皇帝言行记录的管理更为严格,营造了良好的保密氛围。②更加注重法制建设,形成了完善的保密制度。

在宋代之前,保密制度处于开创发展阶段。到了两宋时期,民族矛盾极为尖锐,宋政权与北方的辽、金政权长期处于对立状态。各政权间窃密与反窃密的斗争十分激烈。因此,在宋代的保密制度中,其条令不断增多,规定也愈加严密,特别是对泄密、刺探国家机密者做了详细规定。

宋政权参照《唐律》制定了严格的对失密、泄密行为的处罚规定。与唐代不同的是,宋律除规定了对泄密者的惩罚外,还制定了对告发违反保密规定行为的奖励办法,如告发藏匿弃毁拆换机密档案者,可以获得五十贯至一百贯的奖赏。

在技术方面,为了保证传递信息的保密性,传递的过程中用了"字验"密码,其设计复杂周密,只有掌握密码本的核心人员方可查出密码所示的机密事项,从而达到保守军事秘密的目的。

在科举考试方面,针对前朝科举考试的弊端,从宋太祖开始就不断改革,废除"公荐制",严格规定试卷在考前需密封,称为"弥封"或"糊名",为了保证试卷的保密性,施行了"锁院制",考官们出完试题,即被锁至院中,直至考试结束。这些制度为宋朝廷选拔了大量优秀人才,贫寒子弟也因此获得了任用机会。①

从总体上看,宋政府制定的保密制度比较严密、完备,一定程度上保证了宋代重要信息的机密性。宋代保密制度对当时和以后诸朝都产生了深远的影响。

四、元明清时期

元代蒙古人入主中原,《元典章》是元代各项管理制度的汇编。元朝重用蒙人,防范汉人,国家机要职位几乎全由蒙古人担任。中央设立枢密院,对文书的保密工作做了详细的规定,《元史·百官志》记录"枢密院",秩从一品,掌天下兵甲机务之密,对泄密罪的处罚也非常严酷,主要为"出军"和"处死",而对公文的保密则是"凡官司文卷,官吏并不得私家收故,如违严行究治施行"。除

---

① 李书永:《宋代保密制度研究》,河南大学论文,2011。

此之外,在文件传递方面,除传统的驿站外,另设"急递辅"机构,专门负责传递朝廷机密要文。

这些方面都说明元朝统治阶级对保密制度的重视。

到了明代,为了加强君主专制统治,设立了东厂、西厂等特务机构,由皇帝直接控制,主要负责监视朝廷官吏、内宫嫔妃和皇子的言行,拥有直接侦查、缉捕、审讯的大权。因此一旦发生泄密行为,追查行动迅速展开,较之前朝历代进一步加强了中央对保密的统治。明朝统治后期,出现文渊阁印,它赋予亲信重臣以密疏言事、章疏直达御前的特殊权力。文渊阁印"自宣德中特赐,凡机密文字铃封进呈,至御前开拆","上有密旨,则用御前之宝封示,下有章疏,则用文渊阁印封进,直至御前开拆",即"密旨"和"章疏"必须在御前密封和开拆。这一方法为后来清朝所沿用。①

清朝统治者学习借鉴历朝统治方法,将封建集权统治发展到顶峰,保密工作亦是如此。其标志是于清朝雍正时期设军机处,"掌书谕旨,综军国之要,以赞上治机务",军机处作为中枢权力机关,所收到大臣的各类奏折和皇帝谕旨都有严格的保密管理制度。②

纵观我国保密史,从开始的"君不密则失臣,臣不密则失身,机事不密则害成"的保密思想,逐渐发展到清时期完善的保密制度,期间某些保密思想或方法至今仍在沿用。但是古代保密法制本质上是为皇权服务的,由封建君主控制机要部门、人员和文件,并无机构专司保密之责,远谈不上是对信息资源的合理利用,直至晚清新闻传媒的兴起,中国保密法制开始了艰辛的近代化历程。

案例 3-1

太公"阴符"

商、周在西线作战之时,东夷乘机起而叛之,则可知东夷与周的联盟行动,也可知其中必有细作来往,以作协调沟通之需。而且,东夷与姬周,位置分处东

---

① 张群:《"事以密成,语以泄败"——论中国古代的保密思想与法制》,载《南京大学法律评论》2013 年第 1 期,92 - 104。
② 张群:《论中国古代保密文化》,载《北京电子科技学院学报》2013 年第 21 期,14 - 22。

西，其间正好隔着殷商。因为必经之地就是敌人，情报传递必然遭到严密的盘查，这给他们之间的联络带来极大不便。这个问题事关重大，又是在东夷潜伏的吕尚所必须解决的。那么，吕尚是如何解决这个难题的呢？

太公吕尚发明了"阴符"和"阴书"这两种情报传递方式，专为传递秘密情报和机密文件之用。所谓"阴符"，是用铜、木或竹板制成，以板之长短为秘密通信信号。而"阴书"则是将秘密文书一分为三，派三人分别传送，敌人如果不能将三部分内容全部截获则无法了解文书内容。正是这些有效的秘密传送方法，很好地保证了东西盟友之间的沟通协调和情报传递，保证了联盟战略得到很好的贯彻实施。

案例 3-2

"喜鹊嘴"窦申的故事

源自：南昌市国家保密局网站

唐德宗时，宰相窦参虽然没什么学问，却精通为官之道，故而在仕途上颇为顺利。唐代的宰相拥有人事权，可以任免一些中高级官员。因此，为了保住相位，窦参广树亲党，让他们担任要职，以为其耳目，宰相的人事权力成了他培植亲信的得力工具。窦参有一个远房侄子名叫窦申，此人是窦参的重要人事参谋。窦申为人干练，曾官至京兆少尹，不久又迁为给事中。窦参十分喜爱自己的这个亲戚，经常将朝中机密说与他听，其中说得最多的是关于任命官员的决定。窦参如果看中了某人该做什么官，便会回家与窦申商量、听听他的意见。窦申的建议往往与窦参相合、从而更加深了窦参对他的信任。在二人交流的过程中，窦申突然想出了一个发财的好法子，就是在每次窦参与其商议好任命某人为某官的决定后，窦申立即将这个消息泄露给那个即将被任命的人，这个人为了能够顺利做上官，便会积极主动地向窦申行贿，以请求他在宰相大人面前多多美言。往往是这边窦参刚刚与窦申商议好人选，那边金银财宝已进了窦申的腰包。通过这个途径，窦申果然发了大财。

由于窦申喜欢到处乱说泄密，当时人便给他起了一个绰号叫"喜鹊"。时间一长,"喜鹊"窦申的受贿行为便传到了德宗的耳中,德宗曾不止一次地告诫窦参:"总有一天你会被他所连累,不如将其逐出相府以杜绝众人的非议。"然而,窦参虽知窦申泄露机密,招权纳贿,却始终狠不下心来,总是回复道:"臣的子侄中没有一个比窦申的能力强,窦申虽然是远房亲戚,但臣向来喜爱他,不忍心将其逐走。我向陛下保证,窦申的这种行为下不为例,永不再犯。"然而,贪婪的窦申却丝毫没有改过之意,反而变本加厉,愈发肆意妄为起来。当时,窦参与兵部侍郎陆赞不和,窦参最担心的就是陆赞得到皇帝的重用。窦申看在眼里,记在心上,很快便联合了左金吾大将军被王李则之与左谏议大夫、知制诰吴通玄等人,假造诽谤之词以陷害陆赞。德宗闻知后大怒,立即罢免窦参,并将窦申等人一并贬官。窦参、窦申最终落得个被赐死的悲惨下场。

第二节　中国近代保密法制

一、清末时期

晚清时期,电报传入中国,最早出现于上海租界,"戊戌变法"之后得到了普及,内地大中型城市陆续设置电报局,不久电报网就覆盖全国①。电报的传入使中国迈向近代社会,但相匹配的保密制度的缺乏导致其后一段时间内泄密问题相当严重。外国人员很容易就得到清政府的内部情报,尤其是甲午海战之际,由于中方的保密意识薄弱,海军的大量军事情报都被间谍获取;其后,签订马关条约之前,中方有关谈判的密电更是被日方悉数破解。可见固有的保密技术非常落后,不能适应当时的需要。于是,清政府开始重视电报的保密工作,于1902年颁布《处分泄露电报章程》,堪称中国近代第一部保密法规。该章程根据泄密的内容以及泄密人员的参与程度定罪量刑,分别处以三月以上十年以下

---

① 赖晨:《郑观应与清末电报保密》,载《重庆邮电大学学报(社会科学版)》2010年9月第22卷第5期,112-114。

的监禁。① 1911 年颁布《钦定大清刑律》,该刑律的前身是 1907 年的《大清新刑律》草案,其设专章规定"泄露机务罪",对刺探、泄露政务秘密、军事机密的行为,按情况分别处以有期徒刑,为敌国间谍者可以判处死刑。《大清新刑律》移植了西方资产阶级刑法典的体例和原则,其中大部分条文后来为民国初期继续沿用。针对军事机密的保护,清政府在 1908 年颁布《惩治泄露军事机密章程》,对泄露军事机密的行为,可以判处一年以上有期徒刑直至死刑。另外,为禁止新闻报道国家秘密事项,清政府先后颁布《报章应守规则》《大清报律》以及《钦定大清报律》,初步建立起新闻保密审查机制。

二、民国时期

"中华民国"成立之初,百废待兴,急需制定相关法律维护政治统治和社会秩序,但短时期内无法迅速指定刑法典,北洋政府宣布所有从前施行的法律和新刑律,除与民国国体抵触的失效外,其余各条都可以暂时援引施用。正因如此,《大清新刑律》和其后所附《暂行章程》在删除一些条文后,以《暂行新刑律》名称正式公布实施。在《暂行新刑律》的分则中,第 5 章专章规定了"泄露机务罪",从其具体规定来看,对于泄露秘密的行为处罚是非常严酷的。在《暂行新刑律》被 1928 年南京国民政府制定的《中华民国刑法》取代之前,形成过关于它的两个刑法修正案。1915 年《刑法第一次修正案》完成,但并未公布。《刑法第二次修正案》不再设专章规定泄露机务罪,而是将其并入"外患罪"一章,并以有损害于国家之安全致贻外患者为限。② 北洋政府后来又颁布《报纸应守军事秘密范围条款》,首次规定了军事秘密的具体范围(共 13 项)③。这些具体规定为南京国民政府继续沿用。

---

① 上海商务印书馆编译所:《大清新法令》第四卷,商务印书馆 2010 年版。
② 李秀清:点校导引:近代中国刑法法典化及 1928 年《中华民国刑法》。
③ 这 13 项分别如下:①战时军队编制、驻扎地及出发时间;②战时后方勤务计划;③整旅计划及准备;④要塞地域内兵备以及防御设施;⑤国防及作战计划;⑥战斗动态;⑦战时军械、军需运输及存储地点;⑧尚在交涉中的军事外交事项;⑨军队中的异常变动;⑩军队裁并及调遣计划;⑪军械购置及制造;⑫未公开宣布的重要军官的任免、调遣;⑬其他经陆军部禁止登载的内容。

而后来的南京国民政府为保护军事机密,陆续颁布了《陆海空军刑法》《军机防法》《惩治汉奸条例》等刑事特别法,对泄露军事机密者可以判处死刑。同时鉴于北洋政府《暂行新刑律》"泄露机务罪"过于严酷,对其做出修改,废除死刑,并且区分不同时期以及不同秘密类型定罪量刑。① 抗战爆发后,成立战时新闻检查局,并颁布《战时新闻禁载标准》《战时新闻违检惩罚办法》等新闻保密法规,明确规定政治、经济、军事、外交等多方面禁载事项。此外,国民政府于1944年颁布的《机密文件管理办法》和1947年颁布的《防止各部队失落重要机密文件办法》系统规定了政府内部的保密事项。熟为人知的国民党军事委员会统计调查局(简称"军统",后改名"保密局")和国民党中央组织部统计调查局(简称"中统")内部也有一系列的保密规定。

纵观中国近代保密法制,一方面,在内忧外患的背景下不断发展,由于政权更迭迅速,多数保密立法属于临时立法,有的甚至未真正实施,而固有的"刑民合一"法律形式传统使得保密法规并未脱离刑法的附属地位,成为独立的法律部门,因此很长时间内没有形成系统的保密法制。另一方面,电报的出现、新闻业的崛起促进了保密的进步,保密法制在保密权和新闻自由的平衡和冲突中不断发展,对报纸禁载、新闻禁载事项做出系列规定,并且逐渐区分了政治秘密、经济秘密和军事秘密,这些都开启了保密法制的现代化历程。

第三节　新中国保密法制

一、新民主主义革命时期

早在新民主主义时期,由于革命战争的需要,中国共产党就非常重视保密法制建设,在革命根据地建立了一系列的保密制度。1926年1月,中共中央下发《中共中央组织部通知——加强党的秘密工作》(组织部通告组字第3号),

---

① 王宠惠:《中华民国刑法》,中国政法大学出版社,2006年版第26页。

第一次阐述了秘密工作的重要性和必要性,其后根据革命形势具体需要颁布了一系列的保密法规,如1928年的《中央通告第四十七号——关于在白色恐怖下党组织的整顿、发展和秘密工作》、1934年的《中共中央关于秘密工作基本规则》和1937年的《保守党内秘密条例》等。1929年成立了第一个专门从事保密工作的组织——中共中央秘密工作委员会,由中央政治局直接领导。解放战争时期,1947年成立的"机要工作委员会"和1948年成立的"保密委员会"都对敌后保密工作起到了巨大作用。在规定秘密的具体内容方面,首次将秘密划分为"普通""普秘""机密""绝密"四类,并对电讯秘密和从事电讯人员提出严格要求,同时为防止泄密,革命根据地制定了很多单行刑事法规,如《惩治反革命条例》《惩治汉奸条例》等。这些都为新中国的保密法制奠定了基石。

二、中国的保密法制

新中国保密法制起源于《保守国家机密暂行条例》。1951年6月8日,周恩来总理签署中央人民政府政秘字377号命令,公布施行《保守国家机密暂行条例》,著名法学家江庸随即撰写了《保守国家机密暂行条例浅说》一书,可谓新中国第一部保密法著作。

"文革"给国家秘密工作带来了极大的冲击。"文革"结束后,1980年,《保守国家机密暂行条例》重新颁布,并对之前的保密工作进行检查、反省和完备。1988年初,国家保密局成立。随后,七届全国人大常委会第三次会议审议通过《中华人民共和国保守秘密法》(以下简称《保密法》),1989年5月1日起施行,同时废止了《保守国家机密暂行条例》。《保密法》是新中国保护国家秘密安全的基本法律,是制定一切保密法规、规定和具体保密制度的基本依据,是全体公民特别是国家机关工作人员履行保密义务的法律依据,是制止泄密行为、准确打击各种窃密犯罪的法律武器。

国家保密局于1991年编写的《保密工作概论》是第一本系统论述新时期保密工作的著作,它以《保密法》为主要依据,着重对国家秘密的定义、保密法规、新时期保密工作的方针政策及各项具体保密业务工作进行了论述。1995年吉林大学法学院高格教授主编的《保密法学总论》对保密法学的一些基本概念进行了研究,是国内第一本有关保密法学的著作,填补了我国保密法学学科的空白,但限于当时的保密工作实践还缺乏经验积累,故该书没能对保密法学的各论进行论述。

其后国内对保密法的研究一直停留在对"保密工作"的研究层面上。如王守兴于1998年主编的《保密工作管理概论》及国家保密局分别于1999年和2000年组织编写的《保密行政执法的理论与实践》《保密行政管理》等。直至2001年,宗建文先生所在的课题组编写的《保密法比较研究》《美国保密法律制度》和《德国荷兰保密法律制度》三本专著,首次以比较研究的方法,介绍外国保密法律制度,开拓了国人的视野。

随着保密工作的开展,1988年的《保密法》立足于中国传统体制下的保密工作模式,坚持"以保密为原则,以公开为例外"的原则,存在定密标准模糊、范围过宽、程序不严、期限过长等弊端。作为保密工作依法行政的依据《保密法》,一些内容已经不太适应保密工作遇到的新形势和新情况,如我国实行改革开放特别是社会主义市场经济体制后,传统的保密工作模式很快被打破,保密工作的对象、领域、方式和环境等发生了重大而又深刻的变化,特别是全球化、信息化和公开化的发展,《保密法》出现了与保密工作形势任务不相适应的问题。因此,为了适应新时期保密工作,2010年4月,新修订的《保密法》(草案)以高票在全国人大常委会获得通过,并于2010年10月1日起正式实施。

第四节 国外保密法律概况①

为了横向比较其他各国保密法律制度的建设与我国的区别,本节主要介绍了欧美主要国家、亚洲部分国家保密法的基本情况。不同国家法制化进程的不一致,保密工作重点的不同,以及意识形态的不同等,导致了不同国家的保密法的多样化。但是依法管理国家秘密已成为各国保密工作的共同特征。保密法

---

① 本部分摘编自刘冬:《保密概论》,哈尔滨工程大学出版社,2009年版第36-43页。

制建设是保密工作重要而基础的一个方面,各国的保密立法都是建立在对保密工作基本规律的科学认识上进行的。我国当前的市场经济正逐步走向完善,在新的经济形势及国际环境下,我国结合新时期的保密工作的特点,也制定了新的保密法律制度。

一、国外保密法概述

在英美判例法国家,成文法在整个法律体系中的地位越来越突出,这一特点在保密法领域又有一定的表现。美国颁布了一系列有关保密的成文法律,如《美国统一保密条例》《美国国家安全法》《美国信息保密计划执行条例》《美国情报人员身份保护法》等,英国有《英国保密法》《英国1898年官方保密条例》等,加拿大有《加拿大国家保密法》《加拿大个人隐私法》《加拿大信息获取法》等。大陆法系国家也都颁布了一些保守国家秘密的法律。

从国外保密法律法规的内容看,保密法所规定的领域相当广泛,归纳起来,大致包括以下两个领域。

1. 国家安全领域

诸如军事计划、武器装备、作战行动,与国家安全有关的系统、设施、工程或计划的弱点和功能,外国政府情报,情报活动、情报来源,国家对外关系或对外活动,与国家安全有关的科学技术或经济事项等。

2. 信息及政府公务活动领域

随着科学技术的迅猛发展,信息在现代社会中的作用越来越大。在发达的资本主义国家,信息占有举足轻重的地位,它直接关系着这些国家的自身利益和社会发展。因此,资本主义国家一方面强调信息公开与交流的重要性,一方面对涉及国家安全与利益的重要信息加以保护与监督。例如,美国社会强调政府活动的公开性,提高公务活动的透明度,以利于社会监督,但无论"公开"也好,"透明"也好,都有严格限制条件的,美国在提倡新闻自由的同时,对于不能对公众公开的信息要求采取严格的保护措施,这其中包括涉及国防或外交利益的,属于国家机构内部人事规则的,属于商业秘密的,属于机构之间或内部的函件或备忘录的等九类信息。

另外,绝大多数资本主义国家通过法律手段对个人隐私及商业秘密等给予相应的保护。

为了对国外保密法律法规有一些具体的了解,下面重点介绍几个有代表性的国家的重要保密法律法规。

二、欧美主要国家保密法简介

(一)美国保密法简介①

美国虽然没有专门的保密法,却拥有相对完备的保密法律体系,没有专门独立的保密行政管理机构,但拥有比较成熟完善的保密管理制度。美国的保密管理法律体系主要分为三个层次。

首先是宪法层。美国宪法第1条第5款规定,"参众两院应各自保存一份议事记录,并随时公布,除非他们认为某些部分应该保密。"从宪法层面规定了美国在信息公开的同时,强调了保密,从而为授予美国行政管理部门保密事权提供了依据。

其次是法律层。虽然和中国的保密管理法律体系不同,至今没有颁布专门的保密法。但是美国的保密法律体系是由多部法律组成的。目前,美国的保密法律法规主要有《间谍法》《美国国家安全法》《原子能法》《信息自由法》《美国秘密情报程序法》《美国阳光法》《情报改革和防恐法》《美国情报人员身份保护法》《美国获取机密资料程序法》等,这些法律从不同层面规定了保密的各个事项。

最后是法规层。美国保密管理的具体政策来自于历届总统发布的《国家安全涉密信息》总统令。从1940年3月罗斯福总统发布的第8381号总统令开始,历届总统几乎都颁布了关于《国家安全涉密信息》的总统行政命令。但自90年代以来,美国《国家安全涉密信息》总统令的架构基本稳定,主要包括六个部分:

---

① 本小节主要参考:孙宝云,赵东:《论美国保密制度的特点及对中国的启示》,载《理论与改革》2011年第4期,24-29。

(1)原始定密。主要对定密标准、密级、定密范围、保密期限、保密标识、定密禁止和限制、定密异议等进行了规定。

(2)派生定密。主要细化了谁拥有派生定密权、应该如何使用派生定密权等内容,要求拥有原始定密权的机构制定书面形式的定密指南,并需由高级官员具体负责监督、审查和更新。

(3)解密和降密。主要对解密权限、如何解密、由谁进行解密以及解密过程中的细节做了规定。

(4)保护措施。主要包括对接触秘密信息的一般性限制、对涉密信息的分发控制、对特别接触方案的规定,以及对于历史研究人员及某些特定前任政府官员接触涉密信息的规定。

(5)实施和审查。主要对负责总统令实施办法制定的机构及实施办法的具体内容,作为监督机构的国家信息安全署的主要职能,作为定密复议机构的部际安全定密复议委员会的机构设置、规则程序及主要职能以及创始或处理涉密信息的部门长官需要承担的职责以及处罚等方面做了规定。

(6)一般性条款。主要介绍总统令中涉及的基本概念、一般性规定以及生效时间等。

(二)英国保密法简介

英国也没有专门的保密机构。在英国保密法律法规中,《英国官方保密法》占主要地位,是保密法律法规的核心,该法主要由司法部负责执行,由首相安全事务顾问在保密方面的首相负责,而内阁办公室秘书处负责制定具体的政策,并进行保密检查,确保不发生泄密问题。各部门也设有保密专员,具体负责定密、制定保密制度等。

英国作为老牌的资本主义国家,很重视保密工作,其保密制度也非常严格。英国第一项保密法案早在1898年由国会通过。1911年颁布的《官方保密法》是世界上第一部完整的成文保密法,此法规定所有的政府文件都要保密。这个法案分为两部分,第一部分是关于重要秘密资料的保密,并规定了严厉的惩罚措施,违反此项规定有可能构成叛国罪。第二部分是有关其他需要保密的一切的资料,规定任何公务员未经授权不得透漏他们所知道的资料,任何人(包括记者)收集这类资料都是违法行为。1979年,政府曾两次根据此法控告公务员泄密。这一无所不包的保密法的第二部分一度引起人们的非议,许多议员及法律界人士甚至主张废除此法。英国终于在1989年对这一法律进行了修改,于是成为英国1989年《官方保密法》。该法的主要内容如下:

(1)安全和情报机构的成员及其他必须遵守《官方保密法》的人,如果未经许可泄露因其地位、工作所掌握的同安全和情报相关的任何信息、文件或者其他资料,视为犯罪;

(2)皇家公务人员或政府工作人员,未经许可泄露因其地位掌握的,能造成损失的同国防有关的任何信息、文件或其他文章,视为犯罪;

(3)皇家公务人员或政府公务员(包括曾经是皇家公务员或者政府公务员)未经许可泄露下列造成损失的事项,视为犯罪;

(4)皇家公务人员保存与官方职务不相符的文件或资料并予泄露,就视为犯罪;政府工作人员没能遵守官方有关送还或处理文件或资料的指示,或没能阻止文件或文章未经许可的泄露,而他所处的有理由要求他这样做时,也视为犯罪。

(三)德国保密法简介

德国也没有制定专门的保密法律,但是同样也有较为完备的保密法律体系。德国的《基本法》规定了公民有保守国家秘密的义务,《安全审查法》规定了密级信息及涉密人员的安全审查办法等,《德国联邦议院保密规定》则规定了在联邦议院内形成的或提供联邦议院、联邦议院各委员会、联邦议院议员的各种密件的保密事项。

《基本法》规定,德国联邦政府的首相以及各部部长独立管理各自部门的保密事务,并独立承担责任。为了保障保密工作的统一实施,内政部会同其他部委制定基本的规章制度,其中具体负责保密事务的是两个下属机构,分别是联邦宪法保护局和联邦信息安全局等。由于德国实行的是联邦制,因此每个州的保密工作主要由州政府的内政部长负责,并设立州的宪法保护局,执行类似于联邦宪法保护局以及联邦信息安全局的职能。而联邦内政部和各州内政部对保密工作的指导和统一,主要通过内政部部长会议进行协调、配合。

(四)俄罗斯保密法简介

1993年7月21日,俄罗斯联邦总统叶利钦签署命令,公布实施了《俄罗斯联邦国家保密法》(简称《俄保密法》)。作为俄罗斯联邦政府保密工作的基本法,该法规定了有关定密与解密的制度,以及保守国家秘密的一系列管理制度。该法的立法目的是为了调整与确定同国家秘密、解密有关的各种关系,维护俄罗斯联邦的安全和利益。该法适用范围是俄罗斯联邦境内外所属的机构和个人,各权力代表机关、行政机关和司法机关(简称国家权力机关),地方自治机构,企业,法定的各种所有制形式的组织和机构,以及承担保密义务或者按其地位应当完成《俄保密法》要求的所有公职人员和俄罗斯联邦公民,以下是其主要内容:

1. 关于国家权力机关和公职人员在保守国家秘密工作中的权限

(略)

2. 关于保密范围与定密

关于基本保密范围的规定,根据《俄保密法》,国家秘密是指受国家保护的,对其传播可能给俄罗斯联邦造成安全损失的军事、外交、经济、侦察与反侦察和作战侦查信息。在此基础上,该法第5条明确规定了国家秘密的基本保密范围,即只有以下信息才可能被明确为国家秘密:军事领域的信息,经济和科技信息,外交和对外经济信息,侦察、反侦察和作战侦查的信息等。其第6条还规定了保密应当遵守的基本原则,包括合法性、有根据性和及时性,这些原则对定密活动起到重要的指导作用。

关于定密程序的规定,从《俄保密法》有关规定看,其定密程序有一些明显的特点,即实行国家秘密信息清单制度;任命有权确定国家秘密信息清单的公职人员;明确了产生国家秘密信息的机关、企业及组织的定密职责;规定了违反定密应当承担的法律责任。

3. 关于解密的规定

关于解密,《俄保密法》规定得比较详细,具体内容如下:

(1)规定了解密的依据。该法第13条规定的解密依据有两个方面,一是俄罗斯联邦承担公开和交换俄罗斯联邦国家秘密的国际义务,二是根据客观情况发生变化不再对国家秘密继续进行保密。

(2)享有定密权的国家权力机关必须定期修改国家秘密信息清单的内容,每五年至少修改一次,通过修改定密范围,就可以使一些原来属于国家秘密的信息予以解密。修改清单并做出解密决定,由国家权力机关的领导人负责个人责任,在修改时,应当同国家保密委员会进行协商,国家保密委员会有权对其决定提出异议,有权终止其决定的执行。

(3)国家秘密的保密期限最长不超过30年,特殊情况下可以根据国家保密委员会的意见延长。

(4)规定了解密的监督制度。该法第15条规定,俄罗斯联邦公民、企业、组织和国家权力机关有权向国家权力机关、企业、组织包括国家档案馆询问关于被确定为国家秘密的信息的解密问题,收到上述询问后,国家权力机关、企业、组织(包括国家档案馆)必须在三个月内对询问进行研究,并就其实质内容进行有理有据的答复,如果上述机构无权解决所询问材料的解密问题,在收到询问后的一个月内转交国家保密委员会,并通知提出询问的俄罗斯公民、企业、组织和国家权力机关。如果公职人员回避研究询问的实质问题,将根据现行法律追究行政(纪律)责任。同时,该法律还规定了就定密不准向法院提起诉讼的制度,如果法庭认为没有理由对信息进行保密,对于已经定密的信息,应当按照保密法规规定的程序进行解密。

4.关于保密管理制度

保密管理制度,既包括对国家秘密载体的管理,也包括对涉密人员的管理,《俄保密法》重点就涉密人员的管理做了详细的规定,以下是其纲要内容:准许公职人员和公民接触国家秘密的依据;禁止公职人员或公民接触国家秘密的根据;禁止公职人员或公民接触国家秘密的条件;对被允许或以前被允许接触国家秘密的公职人员或公民权利的限制。

三、亚洲部分国家保密法简介

(一)日本保密法简介

日本保密法主要调整公务领域的保密工作。第二次世界大战结束后,关于行政机关的保密问题,于1953年制定了《关于制定秘密文件的处理规程》。该规程实施了十多年后,对规程不严密的地方做了修正,并更名为《关于秘密文件的处理问题》,实际上还是工作中的一个基本细则,而不是一部法律,但所起的作用名义上填补了法律调整的空白。主要内容如下:

(1)需要保密的文件,要制定控制在必要的最小限度。

(2)秘密文件原则上应区分"机密"和"秘密"两种。

(3)"机密"的确定,由主管部的秘书长(办公厅主任)、司(局)长或相当于这一级的人认定;"秘密"的确定,由主管部的处长或相当于这一级的人认定,并在该文件上标出负责印制的部、处名称。

(4)机密文件上必须注明编号并进行登记及签收人的签名。

(5)秘密文件上说明保密期限,超过保密期限就不作为秘密处理。但是保密期间失去保密必要时,需发通告实施解密。

(6)机密文件绝对不准复制,秘密文件经认定人的批准可以复制。

(7)各部(或当局)要指定处置秘密的负责人来负责秘密文件的保管和收发等。

(8)保管秘密文件时,要放在保险柜等加锁的文件库里。

(9)不要的秘密文件,必须采取烧掉等不能复原的方法进行处理。

(10)关于确定从其他部(或总部)发来的文件时,对其处置,如果与有关当局的意见不一致,应当即同主管该文件的认定人协商,使用同一密级。

除此之外,日本于1980年提出制定一部国家秘密法,至1985年连续三次提交议会进行审议,均遭否决,最终于1992年通过该法案,名称更为《防止向外国提供防卫机密法案》,所调整的领域仅限于防卫机密。

(二)韩国保密法简介

韩国有关的保密法主要是《韩国保密业务规程》及《韩国军事保密法》,这两部法律分别规定了保密的具体规程以及专门军事领域的保密。《韩国保密业务规程》主要内容如下:

(1)根据秘密的重要性及价值程度分为三级:一级秘密、二级秘密、三级秘密。一级秘密是指一旦泄露,可能造成与韩国断绝外交关系并且爆发战争,或危害国家防卫必不可缺的科学技术的开发事项。二级秘密是泄露后可能严重损害国家安全的事宜。三级秘密是泄露后可能损害国家安全的事宜。

(2) 密码资料。密码资料由中央情报部长制作并提供给必要的机关,其他机关不得制作、使用密码资料。只有特殊机关的工作密码可通过中央情报部长批准的机关制作、使用。使用期满的密码资料应及时缴回中央情报部长。

(3) 密级的确定权限。一级秘密及密码资料的批准权者:总统、国务总理、国务委员、中央情报部长、检察总长。二级秘密及三级秘密的批准权者:一级秘密的批准权者、监察院长、原子能厅长、中央行政机关的处长、首尔特别市长及釜山市长、道知事、上述批准权人指定的机关长官。

《韩国军事保密法》的目的是保护军事机密,以保国家安全。该法明确规定了什么是军事秘密及军事秘密的范围、保护措施等。

从巴蒂克案看俄罗斯涉密人员的出境限制

源自:中国保密在线(余正成 2012.05.18)

1977年,23岁的巴蒂克在苏联一家航天器研究院工作,1977—1994年先后签订了3份保密承诺书(1991年12月苏联解体,俄罗斯联邦建立),承诺不公开有关国家秘密。1989年的承诺书中包含了有关出境限制条款。1996年8月,巴蒂克辞职。1997年初,他居住在德国的父亲生病。为探望父亲,巴蒂克向内政部护照和签证服务处申请旅行护照,提交的身份证件允许其到国外旅行。1997年3月,护照和签证服务处根据《俄罗斯联邦出入境程序法》第15条的规定,认定申请人存在临时性出境限制,限制时间自1996年辞职时至2001年,期限5年。巴蒂克提出异议,并申诉到相关处理委员会。1998年2月,该委员会给出了维持5年期出境限制的决定。随后,巴蒂克向莫斯科城市法院提起诉讼。1999年9月,莫斯科城市法院查明,巴蒂克签订的保密承诺书中包含出境限制条款,且其知悉有关绝密级国家秘密信息,判决5年期的出境限制合法。巴蒂克仍然不服,上诉到俄罗斯联邦最高法院,1999年11月,俄罗斯联邦最高法院维持原判。2000年，巴蒂克向欧洲人权法院起诉，称其离开俄罗斯的权利受到侵害，并提出赔偿请求。最终，欧洲人权法院判决俄罗斯政府支付巴蒂克一定数额的赔偿金，并承担相应的诉讼费用。

本案中，有关俄罗斯涉密人员的出境限制，可追溯到苏联时期。根据1991年《苏联出入境程序法》有关规定，只要公民知悉国家秘密就可以限制其出境。苏联解体后，俄罗斯对涉密人员的离境限制相对放宽。按照1996年《俄罗斯联邦出入境程序法》有关规定，限制涉密人员出境的条件包括：①对象要求。受限对象必须是签署过包含出境限制条款合同或承诺的俄罗斯公民。②内容要求。知悉内容应当属于特别重要的国家秘密信息，或绝密级的国家秘密信息。③时间要求。从最后一次知悉特别重要或绝密级国家秘密时算起，受限时间不得超过5年，经部际保密委员会批准，最长延至10年。只有符合上述三方面的要求，才可对有关涉密人员的出境权利予以限制。否则，就构成对公民自由和权利的非法侵害。除国内法之外，俄罗斯对涉密人员的出境限制，还受到有关国际法的约束。1996年1月，欧洲议会在《有关俄罗斯成为欧洲委员会成员国的意见》（〔1996〕193号）中明确要求，俄罗斯应立即终止对涉密人员国际旅行的限制，除非该限制为欧洲委员会成员国所普遍接受。目前，匈牙利、爱沙尼亚、格鲁吉亚、拉脱维亚、立陶宛和波兰等多数成员国，已经废除了限制涉密人员国际旅行的有关制度。此外，俄罗斯作为《公民权利和政治权利国际公约》的缔约国，应当遵循该公约第12条有关迁徙自由的规定。1999年11月，联合国人权委员会第67届会议有关迁徙自由的一般性意见指出，迁徙自由是一个人自由发展必不可少的条件，自由离开一国领土不取决于离开者的具体目的或特定时期。迁徙自由包括获得必要旅行文件的权利，发放护照是原籍国义不容辞的责任。对迁徙自由的任何限制，仅符合法律允许的目的是不够的，还必须是为保护该目的必不可少的才行。这种限制必须符合比例原则，必须有助于实现保护功能，必须是可用来实现预期结果的诸多手段中侵害性最小的一种，必须与要保护的利益相称。

欧洲人权法院（以下简称法院）在审理本案过程中，俄罗斯政府提出，巴蒂克已经在欧洲以外的国家永久定居，不应适用《欧洲人权公约》，也不具有"受害者"身份。法院认为,根据有关先例,除非俄罗斯政府承认侵权行为存在并给予补偿,否则,巴蒂克作为受害者的身份持续有效。俄罗斯政府主张,针对巴蒂克出境权利的限制是基于国家安全,是为了保护国家利益。法院强调,认可国家安全和利益作为限制出境权利的合法依据,但该限制应与其所实现的保护功能相称。法院注意到,1996年巴蒂克辞职前已上交了全部涉密材料,1997年提交护照申请仅仅是出于私人目的,希望能探望其生病的父亲,与工作无关。1996年《俄罗斯联邦出入境程序法》对涉密人员的出境限制,没有考虑到其出境的目的和时间。众所周知,出境限制所要实现的保护功能,是为了防止泄密。但是,在不禁止巴蒂克与外国人接触,也不对其通信进行审查的情况下,仅限制巴蒂克出境作用并不明显,已难以实现它的保护功能。对此,联合国人权委员会也认为,如果仅仅因为个人知悉国家秘密就限制其离开国家,这并不符合比例原则的要求。法院还注意到,1989年巴蒂克签订的保密承诺书中,的确包含了有关出境限制的条款,但在1994年签订的承诺书中并没有继续明确该限制条款。出境限制对于巴蒂克的影响十分巨大,他在1977年开始工作之后就不能出国旅行,总时间长达24年。根据以上情况,法院认定,对巴蒂克的出境限制不符合"民主社会所必须"的要求,该限制侵害了《欧洲人权公约》第4号议定书第2条规定的权利。最后,法院做出有利于巴蒂克的判决。

第五节 保密法制的当前形势

改革开放三十多年以来,我国社会的政治体制和经济模式一直处在不断地调整改革之中,党中央、国务院和各级党委、政府对保密管理工作高度重视,保密制度的建设取得了明显的成绩,具有中国特色的保密管理体制架构已初步形成,2010年新修订的《保密法》,明确规定了管理体制的模式,规范了保密行政管理部门的监督管理职能,在一定程度上解决了保密工作执法主体不明确、执法地位不清晰、执法权限不完善等问题,为加快推进保密依法行政提供了强有力的保障。

但是随着经济全球化趋势日益明显、高科技的迅猛发展以及互联网的广泛应用,对我国的保密工作带来了巨大的冲击。作为全球第二大经济体,中国的国际地位也随着我国在政治、军事、经济、科技等领域日益增强,随着数字化、信息化、网络化的快速发展,境外情报机构加紧对我国实施全方位的情报战略,保密与窃密的斗争日趋尖锐复杂,为了应对如此复杂的保密环境,健全的保密法制建设势在必行。面对保密工作中出现的新问题、新动向、新状况,我国的保密法制建设还有很长的路要走。

本章小结

通过对中国古代不同时期保密法制的介绍,了解不同时期保密法制的特点,纵向学习了中国保密的历史。除此之外,通过比较其他国家保密法制的建设情况,横向学习了保密思想在不同国家的体现。通过纵向比较、横向比对的学习,对保密法制的核心思想有一个全面的了解。

问题讨论

1.《周易》中保密的核心思想是什么?
2.宋代的保密法制建设主要受什么因素影响?
3.古代的哪些保密方法或思想至今还在沿用?
4.简述我国当前保密法制的基本形势。

第四章 保密法学[①]

本章主要介绍保密法学的基本内容,包括保密法学的研究对象及研究方法,保密法与其他部门法的关系,保密法律关系以及新《保密法》的修订等。

通过本章的学习,应该能够了解和掌握以下内容:

1. 法学基本研究方法。
2. 保密法学的基本内涵。
3. 《保密法》与其他部门法之间的关系。
4. 保密法律关系的基本定义。
5. 新《保密法》的修订过程。
6. 新《保密法》的重要意义。

第一节 保密法学概述

一、国家秘密、保密法律与保密法学

"法学"一词在公元前3世纪末罗马共和国时代就已经出现,该词旨在表示有系统、有组织的法律知识及学问。古罗马法学家曾把"法学"定义为:"法学

[①] 本章部分内容摘编自虞培林,王卫明等:《保密法学》,中国政法大学出版社,2011年版,第1-9,29-32页。

是关于神和人的事物的知识,是关于正义和非正义的科学。"随着人们对社会规律认识的提高,法学的内容不断丰富,含义也日渐深刻。

法学是以法和法律现象为研究对象的一门社会科学,特定的社会现象是法律产生的客观社会基础。法律如何规制特定领域的社会问题,以及对特定的社会现象进行立法调整后的规范实施等问题,需要专门的法学学科进行研究。因此,形成了研究社会现象,对特定社会现象的立法、执法等问题的法学体系,该体系具有前后相承、循环发展的特点。

国家秘密的存在是保密法律政策制定实施的前提,保密法学又是以保密法律政策的制定和实施等基本法律活动为研究对象的法学学科。法律政策所规范、调整和依法应受到保护的秘密包括国家秘密、工作秘密、商业秘密和个人隐私等。国家秘密是关系国家的安全和利益,依照法定程序确定,在一定时间内只限一定范围的人员的知悉事项。工作秘密是国家工作部门或工作人员所拥有的、不能擅自公开的以机关、单位为主体的部分事项。商业秘密是指不为公众所知悉、能为权利人带来经济利益,具有实用性并经权利人采取保密措施的技术信息和经营信息。个人隐私是指公民个人生活中不愿公开或为他人知悉的秘密事项。国家秘密、工作秘密和商业秘密的区别在于秘密的确定方式、程序以及标志的不同,秘密事项泄露所造成的危害程度和相应的违法责任的不同等。个人隐私的范围主要取决于个人的自身利益等因素。

保密法律政策调整和保护的对象是国家秘密。根据我国现行《保密法》第2条规定,国家秘密是关系国家安全和利益,依照法定程序确定,在一定时间内只限一定范围的人员知悉的事项。国家秘密作为秘密的一种特殊形式,除具有一般秘密的属性外,还有不同于其他秘密的显著特征:它是维护国家安全和利益的一种特殊形式;它存在于国家事务之中,伴随着国家事务活动所产生,并为国家意志所强制保护。主权国家需要维护国家独立、领土完整和经济发展。因此,国家安全和利益的保障是国家独立、领土完整和经济发展的重要基础。国家秘密是国家安全和利益的信息表现形式,是国家的重要战略资源。主权国家的存在意味着必定存在决定或者影响国家安全和利益的国家秘密,国家秘密是一种客观存在,保守国家秘密,事关国家安全和利益,从这一层面讲,保守国家秘密是一种国家行为。但从法律角度来讲,保守国家秘密是公民,或者特定的个人、组织和机关单位的基于法律政策规定的法定义务。

国家秘密虽然是客观存在的,但是国家秘密的范围以及国家秘密的界定却是一项主观活动。因此,国家应当立法来规范国家级秘密的密级、国家秘密的保护期限、国家秘密的知悉范围,以及保密工作的实施主体等。确定国家秘密和保守国家秘密的相关立法就成为保密法学的主体内容。

学习法学学科,就需要学习法律的基本内容、制定过程以及实施的指导思想与基本原则等。而这些往往需要进行对比学习,包括与历史的纵向对比,与国外的横向比较等。在学习保密法的制定、实施以及所遵循的基本原则时,就需要关注我国保密制度的发展、中国共产党有关保守国家秘密和党的秘密等有关方针政策,以及其他国家和地区的保密立法制度,纵向对比和横向对比这两种学习方法,为我们了解保密法学的内容提供良好的借鉴。

二、保密法学的对象及研究方法

保密法学以保密法律的制定和实施为研究对象,目的在于发现保密法律政策在制定、修改和实施过程中的规律和问题。同时,保密法学的发展又对保密法律的制定和实施起到指引作用。法的制定和实施必须以对相应社会问题和社会关系的认识为前提,弄清它的本质、规律和历史发展过程,保密法律的立法和执法亦是如此。一般而言,保密法律需要对现有各级法律之间的原则、内容等进行区分,需要注意一般法的优先理论,除此之外,还需要关注其他规章或规范不能规定的、保密立法又没有界限和限制的问题等。法律的借鉴和创新是法律科学永远的课题。法律的借鉴和创新以对其他国家法律制度的研究为基础,特别是要对有关国家秘密的范围、国家秘密的保护手段等内容加以学习和比较研究。这样才能完整地学习保密立法和执法。因此,在研究层面,比较研究也是保密法学必须要涉及的内容。我国保密立法和执法现阶段和未来的水平,以及由此对保护国家安全和经济建设顺利进行的程度,与保密法学的研究密不可分。

保密法学的研究对象可从三方面理解。

1. 保密法学的一般理论

保密法学需要对保密法的一般理论加以研究。法学一般理论研究通常包括本体(原则、规范、权利、义务、法体系等)、主体、客体、价值、运行等方面内容。不同的部门法对于一般理论研究的侧重点会有所不同。保密法学一般理论研究的内容包括保密法学的基本原则和精神、保密法律的制定主体、保密法律的实施主体、保密法律所确定的权利和义务、保密法律责任等内容。

2. 保密法学制度研究

保密法学需要研究保密法律制度。保密法律制度的研究既包括对我国现行保密法律制度的研究,主要包括定密制度、保密执法制度、保密监管制度和保密法律责任制度,也包括对比保密法律制度的研究,主要包括对国外保密法律制度的研究。现行保密法律制度的研究与比较保密法律制度研究共同承载着推动和完善保密法律政策的修订、实现更充分的保守国家秘密的功能。比如制度中的一项重要制度是定密责任人制度,通过对国外关于定密责任人制度的比较,2010年《保密法》的修订中就增加了定密责任人制度,令定密工作和具体责任机制充分联系,推动了我国保密法律的定密制度的发展。

3. 保密法制定和实施过程的研究

保密法学就是以保密法律的现象及其规律为研究对象的专门法律学科,是对保密法律以及保密立法、执法和司法本质、特点及其规律进行理论概括的科学。从保密法律的制定和实施过程看,保密法学包括对保密立法、保密行政执法和保密监督活动的研究,它是以保密行政管理部门的活动为中心展开的研究。保密立法研究以保密法的制定和修订为中心,其他重要的保密立法还应包括保密规章的制定,特别是,2010年新颁布的《保密法》增加了国家保密行政管理部门享有制定保密规章的权利。保密行政执法包括保密行政执法的依据、保密行政执法的主体和保密行政执法行为等内容。而保密监督管理可以包含在广义的保密行政执法活动中。

学科的独特性和差异性、见解的多元性和分散性,决定了任何学科都不一定有十分特定的和明确的研究方法。法学本身就具有较强的政治色彩,同时作为人文社会科学具有强烈的社会属性,所以,法学研究方法的确定与政治或社会的关系十分明显。一般认为,唯物辩证法是法学研究总的方法论:坚持存在决定意识,经济基础决定上层建筑的唯物主义原理;坚持理论结合实际的原则与方法;坚持用普遍联系的、发展的、全面的观点来研究法学。法学研究的基本方法包括阶级分析法、价值分析法、比较分析法、实证分析法,而针对保密法学的研究,多利用比较研究方法以及实证研究方法等。

(1)比较研究方法。

比较的方法虽不一定在所有的领域都有效果,是否采用比较的研究方法取决于这一方法可以为特定的学科解决什么问题。就保密法学的研究而言,比较研究方法主要适用于历史上的保密制度与现今保密制度的比较研究,以及国外保密法律制度与我国保密法律制度的比较研究等。比较研究的目的在于如何从历史上或者国外的有益保密制度中吸取经验和智慧。比如,2010年新修订的《保密法》在借鉴一些西方国家定密制度的基础上增加了定密责任人制度,这一制度对于完善定密、确定定密主体的相应法律后果有着直接的指引和威慑作用,从而保障保密立法和保密执法的科学性和有效性。

此外,保密技术与诸多学科存在交叉关系,特别是与情报学、秘书学、档案学、信息学等非法学学科有着交叉学科关系。随着保密技术应用的发展,保密法学与自然科学特别是高新技术学科的联系也日益增多。因此,这些学科的原则和方法是否存在共同或者互补性就成为比较研究的一项内容。

(2)实证研究方法。

所谓实证研究,在研究方法层面与思辨研究相对应,是指在具体的社会情境下按照一定程序规范和经验法则对有关信息进行定性和定量分析。实证研究方法主要包括调查研究、观察研究、文献研究和实验研究等研究方式。法律实证研究方法是在借鉴人类学、社会学等学科实证研究方法的基础上逐渐发展起来的,通常是指与规范研究方法相对应的法学研究方法。通过运用法律实证研究,我们可以对一些法律现象产生和法律问题的解决与具体的社会环境、法制环境以及文化传统等因素的关系有更直观的了解,从而对影响和制约法律制定和法律实施的因素有更深入的认识。

运用法律实证研究方法对我国现行保密法律政策的制定实施与其他法学学科及其他社会学科的关系进行研究。比如，不同国家所确定的国家秘密的范围有很大的差别，哪些具体因素会影响一个国家的国家秘密范围和国家秘密范围的变迁，为保守国家秘密所需要的执法成本是多少等。

三、保密法与其他部门法的关系

我国当前社会主义法律体系主要包括的法律部门共有七个门类，它们是宪法及宪法相关法、民商法、行政法、经济法、社会法、刑法，以及诉讼及非诉讼程序法等。所以现代社会中的法律往往涉及多个门类的部门法，比如调整经济活动的法律规则既可能与民商法和经济法相关，又因为会涉及政府及其部门的监管与行政法相关，而经济交往中的犯罪行为又是刑事法律的一部分。严格意义上讲，我们说某个或某些法律条款属于我国现行法律体系七个法律部门中的某一法律部门会更适合，而很难说一部法律完全仅仅属于哪个法律部门。法律部门固然对于指导和完善立法和执法有帮助，但是因为社会关系和社会生活的复杂和不断地发展，很多新的法律规范并不能完全融洽地放到现有的哪一个法律部门之中。毕竟，法律规范是现实的，而法律部门具有理论性，理论不一定能涵盖所有现实的法律问题和法律规范。

根据一部法律调整的社会关系或者法律的调整方法，我们可以把保密法归于上述七类法律部门中的一类。由于一部法律所调整的社会关系的复杂性、法律所运用的调整法方式的多样性，一部法律可能归于七类法律部门中的两类或者更多。根据保密法所调整的社会关系，保密法总体上应归属于行政法法律部门。但是，保密法有特定的调整对象和学科研究方法，可以作为一门独立的法律部门。

从直接相关性看，保密法与行政法和刑法就有本质的、内在的联系。在保密法的规范中，保密行政管理部门的保密执法和保密监督是非常重要的内容，因此，保密法可以作为部门行政法的分治。侵犯国家秘密构成犯罪的各项罪名规定在刑法中，但是，关于侵犯国家秘密的具体行为类型主要是由保密法所规定的，因此，保密法与刑法共同形成了关于侵犯国家秘密犯罪行为与法律后果体系。

基于保密法具有多个部门法交叉的特点，因此，保密法学也是一门多学科交叉的部门法律学科。一方面，其他部门法律学科的原则、规范和方法可以被保密法学研究借鉴。另一方面，保密法学需要注意与其他部门法律学科的差别。

（一）保密法与宪法

宪法与保密法的联系体现在两个方面：①宪法是保密法制定的基本依据；②保密法所涉及的政府信息的保密或者公开的法律问题直接和宪法相关。

宪法是根本大法，保密法是普通法，保密法学与宪法学在研究对象上的区别是显而易见的。同时，宪法是保密法的立法依据和基础。特别是，宪法关于国家职能的规定，关于公民保守国家秘密的义务的规定是保密法制定的基本依据。《宪法》第53、54条规定了公民有保守国家秘密的义务，《保密法》所规定的承担保密义务的主体既可能是特殊主体，即涉密机关或单位中承担国家秘密的定密或者保密行政管理部门的国家机关工作人员，也可以是一般主体，即普通公民。《保密法》第2条规定："国家秘密是关系国家安全和利益，依照法定程序确定，在一定时间内只限一定范围人员知悉的事项。"第3条规定："一切国家机关、武装力量、政党、社会团体、企业事业单位和公民都有保守国家秘密的义务。"显然，保密法确认的国家秘密和保守国家秘密的义务都来自宪法的规定，保密法是宪法关于保守国家秘密和国家职能和公民义务的具体化。

公民享有对政治生活的知情权、参与权和监督权，享有对政府信息的知情的权利，这些权利是源于宪法的政治权利。《政府信息公开条例》规定了政府应当主动或者基于公民申请公开政府信息。当公民申请政府公开信息时，政府及其职能部门需要对所申请的信息是否涉及国家秘密进行审查。因此，在公开政府信息的过程中，政府的公开信息的义务和保守国家秘密的义务应当注意平衡，公民对政府信息的知情权与政府及其职能部门保守国家秘密的义务也应当注意平衡。

（二）保密法与行政法

保密法与行政法的联系首先体现在保密法作为行政法的部门法。《保密法》中大量的条款涉及保密行政管理部门的行政行为，相应形成了基本的保密行政法律关系。作为行政法的部门法，基本的行政法目标在《保密法》中得到体现：行政法学研究的是依法行政问题，保密法学研究的主要是依法保密问题，保密行政是行政法法律体系中部门内容。行政法的理论框架，包括行政主体、行政程序以及行政责任等内容，都可以用来解释保密法的制定、修改和解释等。

保密法所调整的社会关系并不全属于行政法律关系的范围。《保密法》规定，一切国家机关、武装力量、政党、社会团体、企业事业单位和公民都有保守国家秘密的义务。机关和单位的保守国家秘密的行为不能完全是行政法上的行为，机关、单位对本机关、单位人员违反保密法规范的违法行为的处分也不是行政法上的行为。因此，行政法基本原则不可能在保密法全部适用。比如公开原则是行政法的基本原则之一，但是本原则的适用前提是在不涉及国家秘密、商业秘密和个人隐私的情况下的公开，不予以公开的重要理由就是行政活动涉及国家秘密，保密行政活动以保守国家秘密的基本活动内容，不可能完全遵循行政法中的公开原则。因此，保密法研究对象的特定性决定了保密法研究内容的独特性。

（三）保密法与刑法

保密法的职能是保守国家秘密，它的否定状态就是侵犯国家秘密。侵犯国家秘密的行为既可以是保密违法行为，也可能是犯罪行为，因此，刑法与保密法共同构筑了保守国家秘密的法律屏障。刑法在泄露国家秘密犯罪以及刑事处罚这一内容上与保密法有着密切的联系。所不同的是，保密法是从泄密法律责任追究程序的角度来看待问题，刑法更多侧重于罪名的设定和刑罚尺度是否合理。

我国刑法所规定的侵犯国家秘密的犯罪被分别规定在危害国家安全罪、妨害社会管理秩序罪、渎职罪和军人犯罪等各章中。在保守国家秘密的功能方面，刑法是对侵犯国家秘密所构成的犯罪行为类型化，而保密法是对各类行为的具体化，比如《保密法》第48条第1项所规定的非法获取、持有国家秘密载体的行为构成犯罪，既可能触犯《刑法》第282条第1款规定的非法获取国家秘密罪，或者第282条第2款规定的非法持有国家秘密、机密文件、资料、物品罪，也可能触犯《刑法》第431条第1款规定的非法获取军事秘密罪。

(四)保密法与经济法

保密法与经济法在经济安全、经济秩序的保障和个人正当权益的维护方面具有共同的特征。保密法与经济法显然不属于同一法律部门。然而,保密法与经济法在国家经济秘密、科技秘密等方面具有相同的调整对象。在特定的经济、科技活动中,存在着大量的国家秘密事项和信息。既保证经济、科技活动的正常进行,又确保国家秘密的安全运行,是经济法学和保密法学研究的共同课题。当然,经济法学的侧重点是保护正常的经济、科技活动秩序和公民、法人的正当经济利益,保密法学侧重研究的是采取什么措施保障涉及国家秘密的经济、科技活动的正常运行。

了解保密协议,赢得更多合作机会

源自:法律在线网站

2011年9月,汕头某包装实业有限公司接到了一份来自美国的合作邀请——美国某综合实力不错的公司要与其合作推广及销售其产品。这对于国内贸易做得相当不错的汕头公司来说也是一块很大的"肥肉",毕竟打开美国市场的前景是很诱人的。然而,在该企业正打算抓住该机遇的时候,一个难题让其进退维谷:在签订合作协议之前,美国公司要求汕头公司先签订一份保密协议。

收到美国公司发来的协议之后,汕头公司马上组织人员翻译,但是翻译出来的稿件却没人能明白里面的真正含义,甚至里面有些法律术语都没听说过。尤其是里面有一些条款似乎对汕头公司将来在美国市场的发展做了很大的限制。面对这样一份协议,汕头公司犹豫不决,签了这份协议之后会给自己带来什么后果?为什么还没正式签订合作协议就要先签这份保密协议?但是要白白放弃这个进军美国市场的机会又觉得很可惜,毕竟这一机遇对公司未来的发展有着重要的意义。

于是,汕头公司委托广东丰粤律师事务所作为非诉讼代理,处理其与美国公司的法律事务。接受委托后,广东丰粤律师事务所指派涉外律师谢丰凯、李广辉以及黄绮婷律师助理处理该案件。广东丰粤律师事务所的涉外律师们认真研究了此份协议,并专程到汕头公司,向管理层解释了其中的内容及含义,律师们还逐一将条款给汕头公司解释,并解答汕头公司提出的疑问。最后,汕头公司管理层与律师一起拟定了一份符合汕头公司利益的协议,律师将其翻译为英文,回复给美国公司。

【点评】

在与合作伙伴签署合作协议前,先签订一份保密协议是国际贸易的惯例,主要是规范信息披露及保护知识产权,欧美国家的客户更喜欢这样做,但这未必不是一件好事。国内很多企业目前国内贸易做得很好,越来越多的国外公司通过网站等途径得知这些企业的信息后寻求合作,签订保密协议是必不可少的。有的潮汕企业一看到要签这份不知为何物的协议,就觉得很为难,甚至想放弃这些客户的念头都有;有的潮汕企业一听到要签这一协议,虽然觉得前景很好,但由于不了解国际贸易的一些做法,觉得很担心。

如果因为以上原因而放弃"到嘴的肥肉"其实是很可惜的,只要聘请专业的涉外律师,就能解决问题。所以,潮汕企业,特别是外向型企业应该转变请律师就是打官司的观念,在国际商务往来中寻求涉外律师的帮助,以便让自己的企业成为真正合格的涉外企业。

(五)保密法与国际法

保密法与国际法在国家秘密范围的确定和国家秘密的管理领域有联接性。保密法与国际法的区别是国内法与国际法适用范围的区别。但是,在经济全球化发展中,国内法与国际法的接轨已经成为一种发展趋势。我国加入世贸组织后,根据世贸组织协议,对国内法特别是经济法和行政法进行一次大范围的调整。这表明,在世贸协议框架下,各世贸成员国之间的保密法律制度与世贸保密协议方面存在着交叉领域。同理,对于我国所参加的国际公约或承认的国际法律,保密法与这些国际法的保密条款同样存在着接轨问题,这也是保密法学研究不可忽视的内容。

第四章 保密法学

第二节 保密法律关系

一、保密法律关系的概念

法律关系是法律在调整人们行为的过程中形成的特殊的权利和义务关系,即被法律规范所调整的权利与义务关系。法律关系是以法律为前提而产生的社会关系,没有法律的规定,就不可能形成相应的法律关系。法律关系是以国家强制力作为保障的社会关系,当法律关系受到破坏时,国家会动用强制力进行矫正或恢复。国家强制力在保守国家秘密的任务(国家秩序)形成中起着重要作用。法律关系是凝结着国家意志的法律规范作用在社会生活的过程和结果,是法律从静态到动态的转化,是法律秩序的存在形态。法律关系是指法律规范在调整人们行为过程中形成的权利与义务的关系。法律关系具有与一般社会关系不同的特征:

(1)法律关系是法律在调整人们行为过程中形成的法律上的权利和义务关系,是法律规范的体现;

(2)法律关系不同于物质社会关系,是一种属于上层建筑的思想社会关系;

(3)法律关系是由国家强制力保护执行的社会关系,违反和破坏法律关系的行为都应承担相应的法律责任;

(4)法律关系总是以相应的现行法律为前提而存在的,不同的法律所形成的法律关系也不同。

法律关系按照形成的法律部门,即法律关系表现的社会生活内容进行分类,每一种法律关系在形式上或者内容上、在总体上或者局部方面具有不同于其他法律关系的一些特征。①

保密法律关系,是指保密法在调整有关当事人涉及国家秘密的活动过程中

---

① 张文显:《法学基本范畴研究》,中国政法大学出版社,1993年版,第160-165页。

所形成的权利和义务的关系。保密法律关系是保密法学中一个重要的基础性概念,且具有以下特征:[1]

(1)保密法律关系是一种具有特定保密内容的权利和义务的关系,只有保守国家秘密这一特征内容所形成的权利与义务关系才构成保密法律关系,而工作秘密、商业秘密、个人隐私中形成的权利义务关系则由其他法律调整,不属于保密法律关系。

(2)保密关系只有经过保密法律规范的调整,才能上升为保密法律关系,一些虽然涉及保密的行为,但保密法律制度对此尚无规定,就不构成保密法律关系。

(3)保密法律关系是一种带有强制性的权利和义务的关系,由国家强制力予以保证的社会关系。

二、保密法律关系的主、客体

"主体"是法律关系的根本要素,通常人们把法律关系的主体解释为法律关系参加者,及法律关系中权利的享有者和义务的承担者,或享有权利并承担义务的人和组织。[2]

保密法律关系的主体,是指保密法律关系的参加者,既是保密法律行为的实施者,又是保密权利的享有者和保密义务的承担者。保密法律主体资格是由国家法律规定的。根据《宪法》和《保密法》的规定,在我国能够成为保密法律关系主体的有以下八种。

1. 国家

国家作为保密法律关系主体的地位是国家秘密所涉及的根本利益决定的。国家秘密本质上是关系国家安全和利益的国家事务。从国家秘密的归属看,国家是国家秘密的权利享有者。从国家秘密的管理看,国家享有国家秘密管理的所有法律权利,国家是在保密法律关系中居于关键地位的主体之一。在形式

---

[1] 李伟国:《保密法学关系初探》,载《保密工作》2009 年第 6 期,48 – 50。
[2] 张文显:《法学基本范畴研究》,中国政法大学出版社,1993 年版,第 169 页。

上,国家在保密法律关系中的主体地位由法律所赋予的保密工作主管机构代表。

2. 国家机关

国家秘密大量产生于国家机关的公务活动中。因此,国家机关就成为《保密法》规范的重点对象,成为保密法律关系的重要主体。这种保密法律关系有的是国家机关内部的关系,有的是国家机关之间的关系,有的则是国家机关与其他机关、企事业单位、社会团体、公民的关系。

3. 武装力量

武装力量是我国国家安全的重要保证,其活动中的许多秘密事项属于国家秘密的重要组成部分。这种保密法律关系有的是武装力量之间的关系,有的则是武装力量与国家机关、企事业单位、社会团体、公民的关系。

4. 企事业单位

企事业单位作为保密主体通常有两种情况:一是企事业单位因工作需要接触国家秘密事项,就形成了国家秘密和相关企事业单位之间的保密法律关系;二是企事业单位研制开发的国家科技秘密项目,需要在本单位或者相关企事业单位推广应用的,就形成了企事业单位内部保密法律关系,或者提供保密成果方和应用保密成果方的保密法律关系。

5. 政党

保密法律规定,政党中秘密事项符合国家秘密定义的属于国家秘密。由此,政党尤其是执政党存在着大量国家秘密事项,也是保密法律关系的重要主体。这种保密法律关系有的是政党内部的关系,有的是政党之间的关系,有的是政党与国家机关、武装力量、企事业单位、社会团体、公民之间的关系。

6. 社会团体

社会团体参与政务活动过程中也会产生或涉及一些国家秘密的事项,因此也会成为保密法律关系的主体。

7. 公民

《宪法》和《保密法》都明确规定了保守国家秘密是公民的义务。国家秘密事项运行的各个环节以及保密的各种措施,都是靠人来完成的,这就决定了在接触、知悉、涉及国家秘密的特定条件下,在公民与国家机关之间,或与其他国家机关、单位之间必然产生各种各样的保密法律关系,成为保密法律关系的主体。

8. 境外的组织和公民

境外的组织和公民是保密法律关系的特殊主体。根据我国对外签订的国际条约或相关协议,有的不仅规定我国对外承担保密义务的条款,还规定了外国有关方面承担保守我国国家秘密的义务。这表明,外国的团体、组织和公民同我国有关方面,在国际经济合作与交流等特殊情况下,也会产生保密法律关系。

保密法律关系的客体,是保密法律关系主体的权利和义务所指向的对象和目标。如果没有保密法律关系的客体,主体的保密权利和义务就无从体现,也无法判断这种权利和义务是否能够得以实现。因此,保密法律关系客体也是构成保密法律关系的要素之一。保密法律关系的客体包括一切国家秘密事项及其各类载体,也包括使用、管理和保守这些事项、载体的各种行为。[①]

保密法律关系的客体具有多样性。既有国家秘密事项的信息形态,又有国家秘密事项的物质载体形态,也有各种保密行为。在信息形态这一客体中,既有以数字、字符、图形等形式表达的信息,又有以电子数据的方式表达的信息,还有用语言表达的信息。在物质载体形态这一客体中,既有纸介质载体,又有光、电、磁等方式记录信息的载体,还有设备、产品及包括保密专利等技术。在保密行为这一客体中,既有保密管理行为,又有定密行为,还有使用行为。

三、保密法律关系的内容

保密法律关系的内容是指保密法律关系主体根据保密法规定所享有的权利(权力)和应履行的保密义务。

根据《保密法》的规定,保密主体的权利主要表现为国家机关和政党为维护国家秘密安全而享有的制定国家秘密的范围的权力、国家机关享有行使保密

---

① 李伟国:《保密法律关系初探》,载《保密工作》2009年第6期,48–50。

执法的权力、保密行政管理部门为实施保密法律政策而享有的监督管理的权力等。这些权力主要包括:

(1)制定国家秘密及其密级具体范围的权利,即保密行政管理部门可以会同有关中央国家机关依法制定国家秘密及其密级具体范围的规定,为确定国家秘密信息确立统一的标准和依据,并且对定密的标准和依据享有解释权和修订权。

(2)组织保密工作与管理国家秘密权,以及保密行政管理部门有权为了实现保密法律法规和规章制度目标和任务而享有的审批权、决定权、检查权、建议权、处罚权和强制权。

保密法律关系主体应履行的义务包括两类:

(1)特定或不特定的组织、机关或个人对所知悉的国家秘密或所持有的国家秘密信息载体应承担的保守国家秘密的义务。

(2)国家机关,主要是保密行政管理部门的保密义务。内容包括确保国家秘密安全的义务,依照保密法规定开展保密工作的义务,及时纠正或者制止、追究违反保密法行为的义务。

保密法律关系的内容具有以下特点:

(1)保密法律关系内容主要为国家机关的权利(权力)义务,从这一点上看,保密法主要属于行政法律部门。

(2)权利与义务的统一、国家机关职权职责的统一。

第三节 《保密法》修订目标及要求

一、《保密法》的修订过程

《宪法》作为国家的根本大法,是国家进行立法的法律基础和依据,因此《保密法》的制定和修改属于国家的立法活动,而《宪法》是《保密法》制定和修改的依据。具体而言,《宪法》关于国家任务、国家制度和公民保守国家秘密的义务的规定是《保密法》制定的基本依据。《宪法》是以法律的形式确认了我国各族人民的奋斗成果,同时又以具体的规范规定了国家的根本制度和根本任务。《保密法》的基本功能在于保障国家的安全和利益,维护国家安全和利益既是维护人民的安全和利益,也是实现国家任务的基本保证。《保密法》的制定、修改和实施对维护国家的安全有特别的意义。因为,在抽象意义上,作为体现国家主权的宪法,整体上是《保密法》的基础,而《保密法》的制定与修改,都是在《宪法》的基础上进行的。

新中国成立以后的第一部保密工作行政法规《保守国家机密暂行条例》,是1951年6月8日由周恩来总理以中央人民政府政务院令的形式下发的。这部暂行条例是此后三十多年我国保密工作的基本法规,对整个保密工作起到了重要的作用。

1988年9月5日第七届全国人民代表大会常务委员会第三次会议通过了《保密法》,并于1989年5月1日开始施行,而1951年6月公布的《保守国家机密暂行条例》同时废止。《保密法》是规范我国保密工作的专门法,是制定其他一切保密法规规章和制度的基本依据,并对保守国家秘密、维护国家安全和利益发挥了重要作用,在我国保密法律法规体系中起着主导作用。但是我国经济社会的快速发展,国际化全球化的推进,特别是信息化的发展和电子政务的应用给保密工作带来了新的问题和挑战,国家需要对保密法进行修订和完善。

1995年12月中央正式决定修改保密法。根据中央决定,国家保密局于1996年4月启动《保密法》修订工作。经过较长时间的调研、论证和试点工作,国家保密局起草了修订方案,于2003年和2006年两次在全国范围征求意见,形成了修订草案,于2007年12月报国务院。国务院法制办先后两次征求有关地区和部门的意见,并多次召开协调会,对修订草案做了进一步修改。2009年4月1日,《保密法》修订草案经国务院第55次常务会议讨论通过,提请全国人大常委会审议。2009年6月十一届全国人大常委会第九次会议进行了第一次审议,2010年2月全国人大常委会第十三次会议进行了第二次审议。其间,全国人大法律委、全国人大常委会法工委根据常委会审议提出的意见,到有关省、自治区、直辖市和部分保密资质单位进行了调研,对草案做了修改完善。2010

年4月26日至29日十一届全国人大常委会第十四次会议进行了第三次审议,4月29日下午,修订草案以高票获得通过,并于2010年10月1日起正式实施。

二、《保密法》修订的主要目标和总体要求

《保密法》修订的主要目标就是要依法加强对国家秘密的保护。《保密法》的修订总体要求是让保密工作更适应新的国际国内形势,并能够充分吸收和总结一段时期内的保密实践成果,让保密工作能在新的环境下顺利有序地开展。

国家秘密是国家安全和利益的一种信息表现形式,也是国家的重要战略资源。但新形势下的国家秘密在形态上也多样起来,这给保密工作带来严峻的挑战。国家秘密一旦泄露,必将直接危害国家的政治安全、经济安全、国防安全、科技安全和文化安全,直接损害广大人民群众的根本利益。保守国家秘密是一种国家行为,也是一种国家责任。保密能力是国家能力的重要体现和保障。中国作为发展中的社会主义大国,必须高度重视国家秘密的保护。这次修订的《保密法》在总则部分,明确规定了国家秘密受法律保护的原则,任何危害国家秘密安全的行为都必须受到法律追究。在加强保护的同时,2010年版的《保密法》的修订还特别注重依法规范和加强保密行政管理部门的职权,推进依法行政,特别注重处理好信息保密与信息公开的关系,保障公民的知情权、参与权和监督权,同时还加强了对信息系统保密的要求。

《保密法》修订的总体要求是,深入贯彻落实中央领导同志关于加强新形势下保密工作的重要指示精神,充分总结吸收近年来保密工作理论和实践成果,借鉴国外保密法制建设的有益经验,针对新形势下保密工作面临的突出问题,做到四个"着力",即着力缩小国家秘密范围,完善国家秘密的确定、变更和解除机制;着力实现对国家秘密的统一严格管理,健全涉密载体、涉密人员、涉密活动等管理制度;着力提高依法行政水平,规范和加强保密行政管理职能;着力强化法律责任,解决泄密案件查处难的问题。①

---

① 本刊记者:《保密法修订草案的若干问题》,载《保密工作》2009年第7期,3-5。

三、《保密法》修订和颁布实施的重要意义

《保密法》是保护国家秘密的基本法律,直接涉及维护国家安全和利益,是国家法律体系的重要组成部分。新修订的《保密法》是中国特色社会主义法治建设过程中的一项重要举措,对于做好新形势下保密工作,维护国家安全和利益,保障党和国家各项事业顺利进行,具有重要而深远的意义:

(1) 修订颁布保密法是加强新形势下保密工作的迫切需求。

(2) 修订颁布保密法是贯彻落实党和国家保密工作方针政策的必然要求。

(3) 修订颁布保密法是进一步完善我国社会主义法律体系的重要举措。

第四节 新《保密法》基本框架及亮点

为了保守国家秘密,更好地维护国家安全和利益,保障改革开放和社会主义建设事业顺利进行,2010年4月29日,第十一届全国人民代表大会常务委员会第十四次会议对新《保密法》做了修订。修订后的《保密法》共6章53条,较89年版《保密法》新增1章18条,分别从国家的密级及范围、保密制度、监督管理、法律责任等方面做了详细的规定。在总则部分,明确规定了国家秘密受法律保护的原则、保密工作的方针、信息资源合理利用以及依法公开的原则。在定密方面,规定了定密权限,确定了定密责任人、解密审查、定密监督等内容,着力完善国家秘密的确定、变更和解除机制,缩小秘密的范围。在保密制度方面,健全了涉密载体、信息系统、涉密场所和活动、涉密人员管理制度,着力实现国家秘密统一与严格管理等。在监督管理方面,规范了保密行政管理部门规章制定、开展保密宣传教育、保密检查、保密技术防护和泄密案件查处等方面的职能。在法律责任方面,增加了机关单位发生重大泄密案件的责任和定密不当的责任等。在具体章节上,新《保密法》的框架内容如下:

第一章总则,共8条。主要规定了保密法的立法宗旨、适用范围、国家秘密的概念、保密工作方针、保密工作管理体制和机关单位保密工作职责及保密奖

励制度等。

第二章国家秘密的范围和密级,共 12 条。主要规定了涉密事项范围和密级范围,定密工作体制,定密责任和权限,定密工作内容和流程,国家秘密的变更和解除,以及不明确或者有争议事项的确定等。

第三章保密制度,共 20 条。主要规定了国家秘密载体、涉密信息系统、信息发布、涉密采购、对外交往与合作、涉密会议活动、保密要害部门部位、军事禁区与涉密场所、从事涉密业务的企业事业单位、涉密人员等方面的保密管理制度,并针对危害国家秘密安全的行为做出禁止性规定。

第四章监督管理,共 7 条。主要规定了行政管理部门的监督管理职责。

第五章法律责任,共 4 条。主要规定了严重违规行为法律责任,机关、单位和保密行政管理部门工作人员的法律责任等。

第六章附则,共 2 条。规定了对军队系统授权指定保密条例和法律施行时间。

针对新形势下的保密工作的特点,新《保密法》在制定上出现了很多亮点:

1. 计算机网络保密管理有了硬措施

首先是实行分级保护措施,规定计算机信息系统要按照涉密程度不同,采取不同强度的管理措施。其次是强化技术防护,保密技术设施设备要按照国家标准配备,并与涉密信息系统同步规划、同步建设、同步运行。并且明确了相关禁止事项,如不得将涉密计算机和涉密存储设备接入互联网及其他公共信息网络等。最后明确了网络运营商、服务商的法律责任,主要是配合有关机关调查泄密事件,发现泄密事件要及时报告等。

2. 对企事业单位保密管理提供了新渠道

随着市场经济发展,不可能禁止民营企业、中介机构等"体制外力量"参与涉密活动、从事涉密业务。修订后的《保密法》按照依法行政的要求,建立保密审查制度,对从事涉密载体制作、复制、维修、销毁和武器装备科研生产等业务的企事业单位实行依法管理,使得民营企业能够参与涉密活动,提升涉密业务的行业竞争力。

3. 对涉外保密管理采取了新举措

针对对外交往合作中涉密事项增多、外籍人员在国有企业担任高管等情况,建立涉密审批制度和协议制度。这一修订立足中国国情,借鉴国际通行做法,是运用法律手段应对当前对外开放复杂形势的需要。

4. 涉密人员管理体现责任与权益相适应

修订后的《保密法》,既确立了涉密人员分类管理、上岗培训、出境管理和脱密期管理等制度,又确立了涉密人员合法权益受法律保护的原则和相关的奖励制度,体现了对广大涉密人员的关心爱护。

5. 责任追究的可操作性明显增强

针对失泄密事件查处难的问题,这次《保密法》修订改"结果论"为"行为论",规定不论是否产生泄密实际危害后果,只要发生列举的12种严重违规行为之一(具体见第五章第五节),都将依法追究责任。同时,还加大了处分监督力度,对不依法给予处分的,保密部门应当提出纠正建议。

6. 保密工作责任制得到强化

强化了领导责任制度。新《保密法》规定实行保密工作责任制,对发生重大泄密案件或定密不当的机关、单位直接负责的主管人员,对不依法处分违规者的机关、单位有关领导人员,要依法追究责任;对保密部门工作人员滥用职权、玩忽职守、徇私舞弊的,也要依法追究责任。

本章小结

法学是以法和法律现象为研究对象的一门社会科学的概念,在法学概念的基础上,保密法学又是以保密法律政策的制定和实施等基本法律活动为研究对象的法学学科。因此,分清国家秘密、工作秘密、商业秘密和个人隐私性质的不同,保密法在调整以上与其他层级关系时采取的形式亦不同。保密法律关系是法律在调整人们行为的过程中形成的特殊的权利和义务关系,学会运用比较的、实证的研究方法,对法学的基本理论进行学习研究,掌握保密法律关系的内容。

结合新时期保密工作的特点,新《保密法》也发挥着重要的作用,比较学习新旧《保密法》,了解保密法制定方面的要求和目标。

问题讨论

1. 国家秘密、保密法律与保密法学之间的关系?
2. 保密法学的研究对象是什么?
3. 什么是保密法律关系?
4. 如何解释保密法律关系的客体具有多样性?
5. 新《保密法》在制定上出现了哪些亮点?

第五章 保密制度

> 本章主要介绍保密制度的基本内容,包括保密工作概述、国家秘密的范围与定密,以及保密管理制度、违反《保密法》的责任等。通过学习本章内容,深入理解我国保密工作及保密管理制度。
>
> 通过本章的学习,应该能够了解以下内容:
> 1. 保密工作的方针、原则、基本经验。
> 2. 保密工作的领导、管理体制。
> 3. 国家秘密的概念、要素。
> 4. 国家秘密范围的划分。
> 5. 定密及定密工作。
> 6. 保密管理的相关制度。
> 7. 违反《保密法》的责任。

第一节 保密工作概述

一、保密工作的方针、原则

新修订的《保密法》明确规定了保密工作的方针,那就是"保守国家秘密的工作,实行积极防范、突出重点、依法管理的方针,既确保国家秘密安全,又便利信息资源合理利用"。这是学习领会《保密法》的总钥匙,更是指导保密工作理论和实践的科学指南。

1."积极防范"

积极防范是保密工作实践经验和特点规律的科学总结。积极防范的方针是由保密工作的本质特性所决定的,强调的是主动、事先的防范,以防止窃密泄密为出发点,构成人防、物防、技防相结合的坚固的"三防"综合体系,把保密工作做在前面,及时发现和消除泄密隐患,确保国家秘密安全。

2."突出重点"

突出重点是抓好工作的一项重要方法。做好保密工作,必须正确处理重点与一般的关系,对绝密级国家秘密、绝密级信息系统、保密要害部门部位、核心涉密人员,必须采取更严格的保密管理措施。在整体防范、全面防范的基础上突出"重点",在加强重点保密管理的同时,必须坚持全面管理,实施综合防范。

3."依法管理"

依法管理是贯彻依法治国基本方略的必然要求。将"依法管理"确定为保密工作方针的内容是依法治国、建设社会主义法治国家的必然要求,是推进保密依法行政,不断提高保密工作"制度化、规范化、程序化"水平的迫切需要。依法管理就要做到"有法可依、有法必依、执法必严、违法必究"。

4."既确保国家秘密安全,又便利信息资源合理利用"

在确保国家秘密安全的同时,必须充分遵循信息化条件下信息资源利用和管理的客观规律,建立科学有效的保密管理制度,促进信息资源的合理应用。值得注意的是,信息资源的合理利用并不等同于信息公开,它既包括依法解密和依法公开信息,也包括依法降低密级、缩短保密期限、扩大知悉和接触范围等。①

保密工作应当坚持最小化、自主化、全程化、精准化与法制化五项原则。

(1)最小化原则是实现保密工作科学管理的重要前提。确保国家秘密数

---

① 戴应军:《认真贯彻保密工作方针》,载《中国保密在线》,2012年4月9日。

量最少、知悉范围最小、涉密环节最简。坚持最小化原则,有利于贯彻落实"突出重点"的保密工作方针,有利于降低保密管理成本。坚持最小化原则,也要防止片面追求最小的不良倾向,避免使应当作为国家秘密保护的事项得不到保护,危害国家安全和利益。

(2)自主化原则是消除安全保密隐患的治本之策。自主化原则要求大力加强保密科技工作,大幅提升自主创新能力,全面掌握核心关键技术,研制具有自主知识产权、先进可靠实用的保密技术产品,构建全方位、立体式、多层次的保密技术防护和检查监管体系。

(3)全程化原则就是坚持国家秘密在哪里,保守工作就要做到哪里,严格按照规范和要求实施保密管理,实现全过程、全范畴、全方位、全天候的覆盖,做到保守国家秘密百密不疏。坚持全程化原则,可以实现对国家秘密的有效管理,对涉密人员的有效管理,对涉及国家秘密领域的安全覆盖。

(4)精准化原则就是根据不同行业、领域特点和涉密程度,采取相应保护措施,合理分配力量资源,精心设计方案,精细实施活动,精准制定标准,确保管理对象清晰、管理措施有效、管理流程闭环,不断增强保密工作的针对性和有效性。坚持精准化原则,要做到定密精准、制度精准、监管精准。

(5)法制化原则是指进一步健全以保密法为主干的保密法规制度,形成保密法规体系,把保密工作的方方面面完全纳入法制轨道,不断增强保密管理的权威性和规范性,提高制度的执行力。[①]

二、保密工作的基本经验

1. 党管保密

党管保密是保密工作的政治优势和组织优势,既是巩固党的执政地位、加强党的执政能力建设的重要内容,也是做好新形势下保密工作的根本要求。党在各个历史时期都把保密工作放在关乎党生死存亡的重要地位,保密工作涉及的领域广、范围宽,必须由党统一领导,才能更好地凝聚各方面的力量,协调各

[①] 参见《保密工作》,2011 年 05 - 09 期。

部门工作,形成合力。

2．专兼结合

专兼结合是保密工作体制的重要特点,也是长期以来开展保密工作的重要经验总结。保密工作仅仅靠专门机构或少数人去做是不行的,必须依靠所有国家工作人员和广大群众。同时,还要从管理体制上拓宽和加深社会基础,建立健全一个保密工作专门机构与其他业务部门相结合、专职干部与广大兼职人员相结合的保密工作网络。

3．综合防范

综合防范是新形势下做好保密工作的一条重要经验,也是做好保密工作的一项基本策略。构建起人防、物防、技防相结合的综合防范体系,及时发现和消除泄密隐患,堵塞泄密漏洞。

4．攻防一体

保密工作的基本任务决定了保密工作既要积极防御,也要"攻防一体""攻守兼备",这样才能有效保守国家秘密,维护国家秘密安全。

三、保守国家秘密的基本义务

《保密法》第3条规定:一切国家机关、武装力量、政党、社会团体、企业事业单位和公民都有保守国家秘密的义务。

"国家机关",是指中央和地方各级国家权力机关、行政机关、审判机关、检察机关;"武装力量",是指中国人民解放军现役部队和预备役部队、中国人民武装警察部队和民兵;"政党",是指中国共产党及参政的各民主党派;"社会团体",是指各级工会组织、共青团组织、妇女联合会组织等人民团体,也包括各种学会、协会、研究会等组织;"公民",是指具有中华人民共和国国籍的人。

以上义务主体可以分为两大类:一类是国家秘密知悉范围内的主体,一类是国家秘密知悉范围外的主体。这两类主体承担的保密义务有所不同。如国家秘密知悉范围内的人员,应当依法保护所知悉、管理的国家秘密;国家秘密知悉范围外的人员,不得非法获取国家秘密,不得非法持有国家秘密载体,在国家秘密安全受到威胁时应采取保护措施并及时报告。①

四、保密工作的领导、管理体制

《保密法》第5条规定：国家保密行政管理部门主管全国的保密工作，县级以上地方各级保密行政管理部门主管本行政区域的保密工作。

《保密法》第6条规定：国家机关和涉及国家秘密的单位管理本机关和本单位的保密工作。中央国家机关在其职权范围内，管理或者指导本系统的保密工作。

国家保密行政管理部门指的是隶属于国务院的国家保密局，履行主管全国保密工作的职责。县级以上地方各级保密行政管理部门是指省、市、县级保密局，是各级政府管理保密工作的职能部门，对本级政府负责。

保密行政管理部门的职责如下：

(1)开展保密宣传教育。保密宣传教育是保密工作的重要基础。对保密工作的方针政策、法律法规、形势教育、知识技能培训、学科建设和学历教育进行宣传培训。

(2)开展保密检查。通过综合检查与专项检查、定期检查与不定期检查等等方式，对保密工作责任制落实、制度建设、宣传教育、定密工作、要害部门部位管理、涉密载体管理、涉密人员管理、重大活动和项目保密管理、保密技术防范、泄密案件查处等内容进行检查。

(3)保密技术防护，是为防范涉密信息泄露或被窃取，应用保密科技装备和手段，对涉密载体、涉密信息设备、涉密信息系统和涉密场所等进行的安全技术保护。

(4)泄密案件查处，是依法对涉嫌泄露国家秘密的违法、违纪行为进行调查核实，组织进行密级鉴定和危害评估，对涉及的责任人员进行处理，对发现的泄密隐患和漏洞采取补救措施的执法活动。

(5)对机关、单位的保密工作进行指导和监督："业务谁主管，保密谁负

---

① 参见国家保密局编写组：《中华人民共和国保守国家秘密法释义》，金城出版社，2010年版。

责。"保密行政管理部门的职责在于"指导""监督"涉密机关、单位落实保密制度,而不是替代其开展具体工作。

保密工作管理机构是各级保密行政管理部门,而保密工作的领导机构是各级党组织的保密委员会,中央保密委员会是我国保密工作的最高领导层,是党中央统一领导党政军保密工作的领导机构。省、市、县三级党委保密委员会是各地区保密工作的领导机构。各级党委保密委员会办公室和各级保密行政管理部门虽然是"一个机构,两块牌子",但是在性质和职能上还是有区别的,不能混为一谈。在我国,保密工作领导机构和保密工作管理机构共同构成保密工作组织机构。①-②

五、机关、单位保密工作的职责及要求

《保密法》第7条规定:机关、单位应该实行保密工作责任制,健全保密管理制度,完善保密防护措施,开展保密宣传教育,加强保密检查。

"机关、单位"是指各级党政军机关、人大机关、政协机关、审判机关、检察机关、民主党派和工商联机关、人民团体和群众团体机关,以及在日常工作中产生、接触、知悉国家秘密的企业事业单位。

"实行保密工作责任制"体现《宪法》关于一切国家机关"实行工作责任制"的要求。主要包括领导干部保密工作制、定密责任制、保密要害部门部位负责人及工作人员责任制、涉密信息系统管理和维护人员责任制。实行保密工作责任制,有利于加强保密工作组织领导,确保保密工作落到实处。

"健全保密管理制度"是指机关、单位依据有关保密法律、法规、规章的规定,结合具体情况,制定本机关、本单位的保密制度。

"完善保密防护措施"是指机关、单位为确保国家秘密安全所采取的管理措施和技术措施等。

"开展保密宣传教育"是指机关、单位应当定期对工作人员特别是领导干

---

① 参见国家保密局编写组:《中华人民共和国保守国家秘密法释义》,金城出版社,2010年版。
② 李飞、许安标:《中华人民共和国保守国家秘密法解读》,中国法制出版社,2010年版。

部和涉密人员进行保密形势、保密法规、保密技术防范知识等方面的教育培训。

"加强保密检查"是指机关、单位应当切实加强对本机关、本单位遵守保密法律法规、落实保密责任、采取保密防护措施及其效果等情况进行检查。①

第二节 国 家 秘 密

一、国家秘密的概念和要素

国家秘密是关系国家安全和利益,依照法定程序确定,在一定时间内只限一定范围的人员知悉的事项。

国家秘密必须具备三个要素:

(1)"关系国家安全和利益":构成国家秘密的实质要素,是区别国家秘密与非国家秘密的主要标准。秘密事项如被不应知悉者所知,对国家的安全和利益将造成各种损害后果。

(2)"依照法定程序确定":构成国家秘密的程序要素。关系国家安全和利益的事项,只有依照法定程序确定为国家秘密,才具有法律地位,受到法律的保护。任何不经法定程序产生的秘密事项,都不是国家秘密。

(3)"在一定时间内只限一定范围的人员知悉":构成国家秘密的时空要素。国家秘密应当限定在一定的时间和空间范围内,国家秘密具有从产生到解除的过程。并且,国家秘密应当限定在一个可控的范围内,采取严格保密措施,使之不超出限定的知悉范围。

国家秘密的三个要素互相联系、缺一不可。

二、国家秘密的性质和存在形式

国家秘密是国家最根本利益的体现,反映了国家的特性和阶级的意志,因

---

① 参见国家保密局编写组:《中华人民共和国保守国家秘密法释义》,金城出版社,2010年版。

第五章 保密制度

此,国家秘密的性质总体上表现为阶级性、法定性以及相对性。

(1)国家秘密具有鲜明的阶级性。首先,国家是阶级矛盾和阶级斗争不可调和的产物,而国家秘密的出现正是为这种斗争服务的。国家的阶级性直接决定了国家秘密的阶级性。在国家秘密的制定过程中,制定的直接依据就是是否关乎国家最根本的利益,而这一利益具有明显的阶级特性。先进的科学技术是人类智慧的成果,其本身是没有阶级性的,应该属于全世界。但是现实生活中,掌握新科技的国家或集团出于政治或经济的需要,总要把它划为国家秘密,严格地保护起来。而这样的特点在资产阶级统治的国家尤为明显。在我国,对外开放以后,国家秘密的制定仍需要从国家的安全和利益出发,而这里的利益是以工人阶级为领导的最广大人民的利益,我国是一个人民民主专政的社会主义国家,人民是国家的主人,国家的安全与人民的安全息息相关,国家的利益与人民的利益从根本上讲是一致的。因此国家秘密必然是人民利益的根本体现。《宪法》明确指出:"在我国,剥削阶级作为阶级已经消灭,但是阶级斗争还将在一定范围内长期存在。中国人民对敌视和破坏我国社会主义制度的国内外敌对势力和敌对分子,必须进行斗争。"所以,我们社会主义国家的国家秘密同样具有鲜明的阶级性。

(2)国家秘密具有法定性。国家秘密是经过法定程序确定的,这一条件是国家秘密确定不可或缺的条件。任何个人和非授权单位都无权确立国家秘密事项和密级。世界上其他国家的保密立法,一般都包含国家秘密的确定、密级的区分以及解密的一般程序。《保密法》及其实施办法对国家秘密及其密级的确定、变更和解密都做了具体规定,这充分体现了确定国家秘密必须依法办事,同时又表明依法确定的国家秘密才具有法律效力。从另一个层面上讲,国家秘密是受到国家法律的认可和保护的,因为它是国家占统治地位的阶级根本利益的体现,而统治阶级为了维护阶级的根本利益,必须也必然要借助国家的力量。国家秘密的法定性也维护了国家秘密的严肃性。如果国家秘密不是依照法定程序、按照一定标准制定的,而是随意确定的,必然会给保密工作带来困扰。为维护国家秘密的严肃性,必须赋予国家秘密的法定性,才能让国家秘密得到真正的保护。

(3)国家秘密具有相对性。国家秘密的存在在时间上和范围上都是相对的、有条件的。在时间上,不存在永恒的秘密,国家秘密都是有时限的。在一定时限内是国家秘密,过了这段时间就不是国家秘密了;也有些因为客观条件的变化或者人们思想认识的变化,原不属于国家秘密,后来又被划分为国家秘密。除此之外,国家秘密还有范围的相对性。任何国家秘密不可能在一切范围内对所有人员都保密。它总要在一定范围内公开,有的在本单位工作人员公开,而有的仅在几个相关人员范围内公开。同时保密的范围也随着客观条件的变化而变化。诸如国际国内政治形势的发展变化,国际市场经济竞争格局的调整,经济发展和技术的更新等。有些国家秘密一开始只限于小范围的少数人接触,由于形势的发展,接触面越来越大。国家秘密的相对性也决定了保密工作的复杂性。因此凡是产生、使用和经营国家秘密的机关、单位都应该经常研究分析可能引起国家秘密的秘密特性发展变化的各种因素。

国家秘密的载体是国家秘密的存在形式。国家秘密的载体形式分为有形载体和无形载体两大类。

(1)国家秘密的有形表现是具有国家秘密基本属性的,有一定形态规模,客观存在于一定的时间和空间的,能够被人们的感觉器官感觉到的物质实体。一般包括文件、资料、图纸、报表等纸介质载体和录音带、录像带、计算机硬盘、软盘、U盘等磁介质载体等,通常称以上这些秘密载体为密件;属于物体的设备、仪器、样品、产品、装备和设施工程等,通常称这些实体为密品。

(2)国家秘密的无形表现是不具有一定实体、存在于人意识或者思维中,对客观存在的反映,以及一些无形的光、电、磁等不可见场中的信息等。无形的国家秘密也是普遍存在的。如领导人对某重大问题做出决策前的思考和分析,秘密系统中的光电磁辐射等。当这些无形的、不以任何具体载体为表现形式的意识和思维等符合国家秘密三要素和保密范围的要求时,都属于无形的国家秘密。

三、国家秘密和商业秘密之间的关系

《中华人民共和国反不正当竞争法》第10条明确规定:"商业秘密是指不为公众所知悉,能为权利人带来经济利益、具有实用性并经权利人采取保密措施的技术信息和经营信息。"由此可见,国家秘密与商业秘密都是只限于特定范围人员知悉的事项或信息,都经权利人采取了一定的保密措施。但是,二者的主要区别也是显而易见的,主要表现如下:

1. 权利主体不同

国家秘密的权利主体是国家,国家是拥有国家秘密的唯一的特定的主体。商业秘密的权利主体是不特定的个人和组织,商业秘密属于一种私权,保护的是商业秘密权利人的合法权益。

2. 涉及的范围不同

国家秘密主要是国家的政治、军事、外交、经济、科学技术、国家安全等重大领域内的相关信息,而商业秘密是在科研开发、生产经营等活动中的有关技术与经营信息。

3. 确定的程序不同

国家秘密的确定有严格的法定程序,商业秘密的确定没有规定程序,只要权利人按其法律特征明确即可。

4. 秘密的等级和标志不同

国家秘密分为绝密、机密、秘密三级,并有统一明确的标志。商业秘密不分等级,在标志上也没有统一的规定。

5. 权利受到侵害后的危害不同

国家秘密泄露后,对国家的安全和利益,比如国防安全、国民经济秩序等造成影响,后果较为严重,产生刑事责任;商业秘密被侵犯后,商业秘密权利人的经济利益和市场竞争优势将受到影响,对市场经济秩序产生危害,产生民事责任,主要以经济赔偿为主。

国家秘密和商业秘密之间是能够相互转化的。如果作为商业秘密的技术秘密或者经营秘密具有对国家的安全和利益有益的价值,那么通过法定的程序认定后,就可以成为国家秘密,归属国家所有。同样的道理,如果作为国家秘密的技术秘密或者经营秘密具有经济价值,通过法定的程序解密后,可以变为商业秘密归具体的单位所有。变为商业秘密后,就可以进行市场的推广应用,甚至转让,从中获取直接的经济利益。①

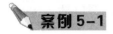
案例 5-1

出售苹果设计图纸 离职员工当场被抓

源自:深圳新闻网-深圳商报

张某某于 2004 年 5 月 28 日入职深圳某精密工业有限公司,在表面制造处担任手机机壳抛光技工。2008 年 5 月 17 日,张某某离职。2012 年 5 月,张某某向王某某介绍说有 APPLE 公司新一代 IPHONE 产品的设计图纸出售,并向王某某展示了设计图纸。2012 年 8 月 9 日,张某某来到福田区福华路某咖啡厅准备出售 APPLE 公司新一代 IPHONE 产品的设计图纸资料时,被民警当场抓获,现场扣押联想手提电脑 1 部、U 盘 2 个以及 IPADMINI 后壳 2 个、触摸屏 1 个。

经鉴定,现场查扣 U 盘中的文件为 APPLE 公司新一代 IPHONE 产品设计图纸资料,该文件资料与该精密工业公司提供的 APPLE 公司新一代 IPHONE 产品设计图纸资料内容完全一致。APPLE 公司新一代 IPHONE 产品设计图纸的电子数据具有非公知性,属于商业秘密。经评估,以上商业秘密被侵犯给涉案公司所造成的损失为 240 万元。另查明,被害单位主张保护的商业秘密为 APPLE 公司新一代 IPHONE 手机产品设计图纸,其对该设计图纸采取了包括制定商业秘密保护的规章制度、与相关员工签署保密协议、建立门禁管控系统以及资讯管控系统等在内的各项保密措施。

最终法院以侵犯商业秘密罪,判处张某某有期徒刑 1 年 4 个月,并处罚金 20000 元。

---

① 王东勤:《国家秘密和商业秘密的基本特征及其相互关系》,载《2012 年学术前沿论丛——科学发展:深化改革与改善民生(下)》。

第三节　国家秘密的范围与定密

一、国家秘密范围的划分

《保密法》第 9 条规定:下列涉及国家安全和利益的事项,泄露后可能损害国家在政治、经济、国防、外交等领域的安全和利益的,应当确定为国家秘密:

(1)国家事务重大决策中的秘密事项;

(2)国防建设和武装力量活动中的秘密事项;

(3)外交和外事活动中的秘密事项以及对外承担保密义务的秘密事项;

(4)国民经济和社会发展中的秘密事项;

(5)科学技术中的秘密事项;

(6)维护国家安全活动和追查刑事犯罪中的秘密事项;

(7)经国家保密行政管理部门确定的其他秘密事项。

政党的秘密事项中,符合国家秘密诸要素的,属于国家秘密。

二、定密及定密工作

一般来说,定密有狭义与广义之分。狭义的定密,仅指国家秘密事项的确定,即有定密权的机关单位,根据相关保密法律法规和国家秘密事项范围的规定,对本机关、本单位自己产生的相关事项是否属于国家秘密以及属于何种密级做出准确判断。广义的"定密",除上述内容外,还包括根据情况的发展变化,依据法定程序,对已确定为国家秘密的事项做出变更和解除的全过程工作。狭义的定密,只是整个定密工作的起点,是广义定密的一个初始工作环节。

而定密工作是一个集合的概念。它既包括对国家秘密的确定、变更、解除等各项具体工作,也包括对具体定密工作的组织和对整个定密工作的监督管理等。定密是保密的源头,定密工作是保密工作的基础。抓牢源头,打好基础,保密工作才能事半功倍。

定密具有三要素:确定密级、确定保密期限、确定知悉范围。这三部分缺少任何一方面都是不全面的,不符合法律要求的。确定国家秘密事项密级是确保国家秘密得到有效保护的前提;在确定国家秘密事项密级的同时,应当确定其保密期限和知悉范围,确定保密期限有利于解决国家秘密"终身保密"的问题,降低保密成本,实现高效管理;确定知悉范围,有利于国家秘密的严格管控,以采取有效措施保护国家秘密安全。

三、密级

对国家秘密划分不同的等级,进行分级保护和管理,是世界各国通行的做法。世界各国对国家秘密等级的划分有一定的差异,例如,德国划分为"绝密""机密""秘密""内部资料";泰国划分为"绝密""机密""秘密""密";瑞士划分为"绝密""机密""秘密""仅供工作使用";日本划分为"机密""秘密";韩国划分为"一级秘密""二级秘密""三级秘密";罗马尼亚划分为"特别重要机密""机密""秘密";美国、法国等国划分为"绝密""机密""秘密"。

我国国家秘密的密级分为三个等级:绝密级、机密级、秘密级。区分这三个等级的标准如下:

(1)"绝密"是最重要的国家秘密,泄露后会使国家的安全和利益遭受特别严重的损害。

(2)"机密"是重要的国家秘密,泄露后会使国家的安全和利益遭受严重的损害。

(3)"秘密"是一般的国家秘密,泄露后会使国家安全和利益遭受损害。

从以上密级划分的标准可以看出,密级是以泄露后所产生的危害程度来划分的。秘密事项的密级一旦确定之后,要严格按照确定的密级进行管理和控制知悉范围,这是保密工作的基本要求。

➡ 谁来确定密级的具体范围

《保密法》第11条规定:国家秘密及其密级的具体范围,由国家保密行政管理部门分别会同外交、公安、国家安全和其他中央有关机关规定。

军事方面的国家秘密及其密级的具体范围,由中央军事委员会规定。

国家秘密及其密级的具体范围的规定,应当在有关范围内公布,并根据情况变化及时调整。

《保密法》第20条规定:机关、单位对是否属于国家秘密或者属于何种密级不明确或者有争议的,由国家保密行政管理部门或者省、自治区、直辖市保密行政管理部门确定。

指定国家秘密及其密级的具体范围的工作十分重要,通过指定保密具体范围,国家保密行政管理部门把握全国保密工作的全局,各有关中央机关把握本系统全国保密工作的全局,鉴于军事方面工作由中央军事委员会领导和管理,因此授权中央军事委员会规定军事方面的国家秘密及其密级的具体范围。

对于"不明确"的事项,即在相关保密事项范围中无明确规定的情形,应先行拟定密级并采取保密措施,逐级上报确定,由国家或省部级保密行政管理部门来行使。对于"有争议"的事项,即对某一事项是否属于国家秘密或属于何种密级意见不一,向原定密机关、单位提出异议未被接受的情形,争议各方均可向有相应密级确定权的保密行政管理部门提出。

➡ 谁具有何种的定密权限

《保密法》第13条规定:确定国家秘密的密级,应当遵守定密权限。

中央国家机关、省级机关及其授权的机关、单位可以确定绝密级、机密级和秘密级国家秘密;设区的市、自治州一级的机关及其授权的机关、单位可以确定机密级和秘密级国家秘密。具体的定密权限、授权范围由国家保密行政管理部门规定。

机关、单位执行上级确定的国家秘密事项,需要定密的,根据所执行的国家秘密事项的密级确定。下级机关、单位认为本机关、本单位产生的有关定密事项属于上级机关、单位的定密权限,应当先行采取保密措施,并立即报请上级机关、单位确定;没有上级机关、单位的,应当立即提请有相应定密权限的业务主管部门或者保密行政管理部门确定。

公安、国家安全机关在其工作范围内按照规定的权限确定国家秘密的密级。

在我国,对于什么级别的机关、单位有权确定什么级别的国家秘密,一般是通过内部政策来掌握的。这导致在保密实践中,有权定密的主体过多,所定的国家秘密过滥,甚至有些县、乡政府都在确定绝密级的国家秘密。由于定密过多过滥,浪费了许多宝贵的保密资源,因此《保密法》对保密权限做了规定,旨在上收定密权,解决定密过多过滥的问题,对于推动信息自由流动,推动国内经济和社会信息化以及促进信息产业发展等方面具有重大意义。①

对于无权定密的处理办法,主要有两种情形:

(1)"派生"定密:按上级机关、单位对某事项已定密级确定。

(2)"原始"定密:产生保密事项范围有明确规定而无权确定相应密级的事项,应先行采取保密措施,同时立即报请有定密权的上级机关、单位确定,没有上级机关、单位的,报请相应定密权限的业务主管部门或者保密行政管理部门确定。接到定密报告的机关、单位或者保密行政管理部门,应当及时做出批复。

四、保密期限

《保密法》第 15 条规定:国家秘密的保密期限,应当根据事项的性质和特点,按照维护国家安全和利益的需要,限定在必要的期限内;不能确定期限的,应当确定解密的条件。

国家秘密的保密期限,除另有规定外,绝密级不超过 30 年,机密级不超过 20 年,秘密级不超过 10 年。

机关、单位应当根据工作需要,确定具体的保密期限、解密时间或者解密条件。

国家秘密保密期限就是指国家秘密具备国家秘密属性、具有保密价值的时间限度。国家秘密的保密期限与密级紧密相关,而国家秘密的密级与国家安全的利益的关系程度越高,其密级也就越高,保密期限也就越长。各国国情不同,关于保密期限的规定也就不一样。例如,俄罗斯规定,国家秘密的保密期限不超过 30 年;法国规定,秘密级的保密期限为 30 年,机密级与绝密级的保密期限为 60 年。①我国的规定是适度的。

五、知悉范围

准确、适当地确定国家秘密的知悉范围,是确保国家秘密处于可控范围之

---

① 李飞、许安标:《中华人民共和国保守国家秘密法解读》,中国法制出版社,2010 年版。

内并采取相应保密防护措施的重要保障。

《保密法》第16条规定:国家秘密的知悉范围,应当根据工作需要限定在最小范围。

国家秘密的知悉范围能够限定到具体人员的,限定到具体人员;不能限定到具体人员的,限定到机关、单位,由机关、单位限定到具体人员。

国家秘密的知悉范围以外的人员,因工作需要知悉国家秘密的,应当经过机关、单位负责人批准。

根据本条文内容,可以看出确定知悉范围具有两个基本原则:

1. 工作需要原则

确定国家秘密知悉范围,首先应当根据工作需要确定,不应简单地把知悉国家秘密视作一种政治待遇,或者把行政级别作为确定国家秘密知悉范围的依据。将工作需要作为知悉国家秘密的前提条件,也是国际通行做法。

2. 最小化原则

在可能的情况下,应当把知悉范围尽量限定到最小。国家秘密知悉范围应当最终限定到具体人员。只有限定到具体人员,才能使国家秘密切实可控、可管,有利于有针对性地采取保密管理措施,有利于在泄密事件发生后及时准确地查处。国家秘密产生机关、单位无法将知悉范围限定到具体人员的,知悉范围内的机关、单位应当限定到具体人员。对于国家秘密知悉范围之外的人员,因工作需要确需知悉国家秘密内容的,应当经过机关、单位负责人批准。机关、单位负责人的批准权限,仅限于对本机关、本单位人员,而且要以工作需要为前提。对于原定密机关、单位明确要求不得扩大知悉范围的,知悉范围需要扩大时,应当征得原定密机关、单位的同意。①

六、定密责任人制度

《保密法》第12条规定:机关、单位负责人及其指定的人员为定密责任人,

---

① 参见国家保密局编写组:《中华人民共和国保守国家秘密法释义》,金城出版社,2010年版。

负责本机关、本单位的国家秘密确定、变更和解除工作。

机关、单位确定、变更和解除本机关、本单位的国家秘密,应当由承办人提出具体意见,经定密责任人审核批准。

从我国定密工作的发展来看,定密责任人制度的确立,极大地促进了我国定密工作的完善,对解决我国存在的定密难题有着积极的推动作用,是推动我国依法定密、科学定密以及规范定密应采取的必要的核心措施。

定密责任人包括两类人员,一是机关、单位的负责人;二是特别指定的人员。机关、单位主要负责人对定密工作负总责。分管业务工作涉及国家机密的负责人,应当确定为定密责任人。机关、单位负责人一经任命,即是本机关、本单位的定密负责人,不需履行确定程序。机关、单位可以根据工作需要,指定若干其他人员为定密责任人。需要指定定密责任人的,主要有两种情况:一是定密工作量大的机关、单位,如中央国家机关、省级党政领导机关和重要涉密单位;二是业务工作具有特殊保密要求的机关、单位,如公安、国家安全、纪检监察机关和武器装备科研生产单位等。定密责任人职责既包括按照保密事项范围确定国家秘密,也包括根据情况变化变更和解除国家秘密。定密责任人制度的确立,有利于建立科学合理的定密责任制度,从而预防在定密工作中追究责任时无人负责的情况,使定密工作实现了责任明确的同时,能够在合理进行分工的基础上,通过严谨的程序来发挥其应有的作用。定密责任人制度的建立和不断完善适应了信息时代国家秘密数量不断增长对保密工作应有的要求,满足了社会经济发展对保密工作发展的要求。①

七、解密

《保密法》第19条规定:国家秘密的保密期限已满的,自行解密。

机关、单位应当定期审核所确定的国家秘密。对在保密期限内因保密事项范围调整不再作为国家秘密事项,或者公开后不会损害国家安全和利益,不需要继续保密的,应当及时解密;对需要延长保密期限的,应当在原保密期限届满

---

① 陆秀丽:《浅谈定密责任人制度》,载《法制博览》旬刊,2012年第7期,197–198。

前重新确定保密期限。提前解密或者延长保密期限的,由原定密机关、单位决定,也可以由其上级机关决定。

解密制度是定密制度的重要组成部分。解密意味着解除有关保密措施,知悉范围内的机关、单位和人员不再需要履行相关保密义务。本条主要规定两种解密方式:

(1)自行解密:保密期限已满的国家秘密事项,自行解密。机关、单位对于保管、使用的国家秘密保密期限已满而未收到原定密机关、单位延长保密期限通知的,可以认定该项国家秘密已经自行解密,不需要继续履行相应的保密义务。

(2)审查解密:机关、单位应当定期审核所确定的国家秘密事项,特别是保密期限即将届满的国家秘密事项。经审核,仍在保密期限内但不需要继续保密的,应当及时履行程序予以解密;认为仍应继续保密,需要延长保密期限的,应当在原保密期限届满前重新确定保密期限。

本条还规定了两种"不需要继续保密"的法定条件:一种是保密事项范围已作调整,二是公开不会损害国家安全和利益的。解密必须依法定程序进行。①

第四节 保密管理制度

一、保密管理概述

保密管理有广义和狭义上的分法。广义的保密管理是指党政军机关、涉密单位对国家涉密的载体、涉及国家秘密的人员和行为进行管理的活动,这其中包括保密行政管理部门的依法行政管理和机关、单位内部的日常保密管理。对于狭义的保密管理,主要是指保密行政管理部门为了维护国家的安全和利益,运用法律赋予的行政权力,对国家涉密的载体以及涉及国家秘密人员和行为组织实施的保密管理活动。而我们所讲的保密管理,是指广义上的保密管理,既

---

① 参见国家保密局编写组:《中华人民共和国保守国家秘密法释义》,金城出版社,2010年版。

包括保密行政管理部门的依法行政,也包括机关、单位内部的保密组织管理等。

保密管理的主体主要分为两类:保密行政管理部门和保密工作机构。

保密管理的对象一般是机关、单位、社会组织机构以及个人产生或持有国家秘密、实施的涉密行为等。

保密管理是一种具体的管理行为,既包括内部保密管理行为,如保密工作机构对本机关、本单位涉密人员的保密管理等,又包括外部保密管理行为,如保密行政管理部门对社会组织机构的保密资格管理等。而保密管理采取积极防范、突出重点、依法管理的方针,达到既确保国家秘密的安全、又便于信息资源合理利用的目的。

二、涉密人员管理

1. 涉密人员实行分类管理制度

在涉密岗位工作的人员,按照涉密程度分为核心涉密人员、重要涉密人员和一般涉密人员,实行分类管理。经常性涉及绝密级国家秘密事项的为核心涉密岗位,经常性涉及机密级国家秘密事项的为重要涉密岗位,经常性涉及秘密级国家秘密事项的为一般涉密岗位。机关、单位应根据有关规定和工作实际,制定具体划分标准和管理办法。

2. 涉密人员实行上岗审查

任用、聘用涉密人员应当按照有关规定进行审查。机关单位组织人事部门应会同保密工作机构,进行严格的任前审查,实行"先审后用"。政审内容包括个人和家庭基本情况、现实表现、主要社会关系以及与国(境)外机构、组织、人员交往等情况。

3. 涉密人员的基本条件

涉密人员应当具有良好的政治素质和品行,具有胜任涉密岗位所要求的工作能力。具体来说,在政治素质方面:要立场坚定,坚持执行党的路线方针政策和保密规章制度;在品行方面:要品行端正,忠诚可靠,作风正派,责任心强;在工作能力方面:能掌握保密业务知识、技能和法律知识。

4. 涉密人员的合法权益受法律保护

涉密人员由于工作岗位的特殊性,在就业、出境、学术成果发表及其他个人利益等方面受到一定限制,按照权利与义务相对等原则,在限制涉密人员合法权益时,应当依法保护涉密人员的合法权益,给予相应补偿。这体现了党和国家对涉密人员的关心和爱护。

5. 涉密人员上岗管理

涉密人员上岗应当经过保密教育培训,掌握保密知识技能,签订保密承诺书,严格遵守保密规章制度,不得以任何方式泄露国家秘密。

6. 涉密人员出境管理

涉密人员出境应当经有关部门批准,有关部门审批涉密人员出境要严格掌握,必要时征求公安机关、国家安全机关的意见。公安机关、国家安全机关认为涉密人员出境可能对国家安全造成危害或者对国家利益造成重大损失的,有关部门不得批准。

7. 涉密人员离岗离职实行脱密期管理

涉密人员在脱密期内,应当按照规定履行保密义务,不得违反规定就业,不得以任何方式泄露国家秘密。通常,核心涉密人员脱密期为3～5年;重要涉密人员为2～3年;一般涉密人员为1～2年。脱密期自机关单位批准其离开涉密岗位之日起计算。涉密人员离岗的,脱密期管理由本机关、单位负责。涉密人员离开原涉密单位,调入国家机关和涉密单位的,脱密期管理由调入单位负责;属于其他情况的,由原涉密单位、保密行政管理部门或者公安机关负责。

8. 机关、单位管理涉密人员的基本要求

机关、单位应当建立健全涉密人员管理制度,明确涉密人员的权利、岗位责任和要求,对涉密人员履行职责情况开展经常性的监督检查。①

三、涉密载体管理

国家涉密载体,指以文字、数据、符号、图形、图像、声音等方式记载国家秘密信息的纸介质、光介质、电磁介质等各种物品,简称涉密载体。国家涉密载体的制作、收发、传递、使用、复制、保存、维修和销毁,应当符合国家保密规定。

---

① 参见国家保密局编写组:《中华人民共和国保守国家秘密法释义》,金城出版社,2010年版。

1. 制作方面

制作的涉密载体要标明密级和保密期限,注明发放范围、制作数量及编号;制作涉密载体要在机关、单位内部,或在保密行政管理部门审查批准的单位进行;制作涉密载体的场所应符合保密要求。

2. 收发与传递方面

收发与传递涉密载体要认真履行清点、编号、登记、签收手续;传递涉密载体要通过机要交通或机要通信部门;机关、单位指派专人传递的,要选择安全的交通工具和交通线路,并采取安全保密措施。

3. 使用方面

在使用中,要根据涉密载体的密级和制发机关、单位的要求,确定知悉人员范围;阅读和使用涉密载体要办理登记、签收手续,在符合保密要求的办公场所进行。使用绝密级涉密载体,除按以上要求外,还要对接触、知悉人员做出文字记载,因工作需要携带涉密载体外出,要经本机关、本单位主管领导批准,并采取保密措施,使涉密载体始终处于携带人有效监控之下;携带绝密级涉密载体外出,必须指定专人负责,并采取绝对可靠的安全措施;禁止携带绝密级涉密载体参加涉外活动。

4. 复制方面

机密级、秘密级涉密载体复制,应当经过机关、单位负责人批准,不得改变密级、保密期限和知悉范围;要履行登记手续,复制件应当加盖复制机关、单位的复印戳记,并视同原件管理;汇编涉密文件、资料,要经制发机关、单位批准,不得改变密级、保密期限和知悉范围;未经原定密机关、单位或者其上级机关批准,不得复制和摘抄绝密级涉密载体。

5. 保存方面

涉密载体的保存要选择安全保密的场所和部位,配备必要的保密设备;定期对保存的涉密载体进行清查、核对,发现问题要及时向保密行政管理部门报告;机关、单位工作人员离岗离职前,要将使用和保管的涉密载体全部清退,并办理移交手续;被撤销或合并的机关、单位应当将涉密载体移交给承担原职能的机关、单位或上级机关、单位,并履行登记、签收手续;绝密级涉密载体,必须存放在符合国家保密标准的设施、设备中。

6. 维修方面

维修涉密载体要由本机关、本单位专门技术人员负责;需外单位人员维修的,要由本机关、本单位的管理人员现场监督;需要送外维修的,应当送保密行政管理部门审查批准的定点单位进行。

7. 销毁方面

销毁涉密载体要履行清点、登记手续,经机关、单位主管领导审核批准后,送交专门的涉密载体销毁机构销毁;机关、单位自行销毁的,应严格执行国家有关保密规定和标准。[①]

《保密法》第25条规定:机关、单位应当加强对国家涉密载体的管理,任何组织和个人不得有下列行为:

(1)非法获取、持有国家涉密载体;

(2)买卖、转送或者私自销毁国家涉密载体;

(3)通过普通邮政、快递等无保密措施的渠道传递国家涉密载体;

(4)邮寄、托运国家涉密载体出境;

(5)未经有关主管部门批准,携带、传递国家涉密载体出境。

四、涉密信息系统管理

近年来,计算机技术发展迅速,尤其是互联网的普遍使用,使得信息的存储、处理、传输技术发生了深刻的变化,大量的国家秘密信息进入计算机信息系统,党政机关、涉密单位日常工作越来越依赖信息系统。

涉密信息系统是指由计算机及其相关和配套设施、设备构成的,按照一定应用目标和规则存储、处理、传输国家秘密信息的系统或网络。涉密信息系统要按照涉密程度实行分级保护。分级保护是指涉密信息系统的建设使用单位

---

① 参见国家保密局编写组:《中华人民共和国保守国家秘密法释义》,金城出版社,2010年版。

依据分级保护管理办法和国家保密标准,对不同级别的涉密信息系统采取相应的安全保密防护措施,确保既不"过防护",也不"欠防护"。按照分级保护的原则,涉密信息系统依据所处理信息的最高密级,由高到低分为绝密、机密、秘密三个等级。

涉密信息系统应当按照国家保密标准配备保密设施、设备。属于国家秘密的设备、产品的研制、生产、运输、使用、保存、维修和销毁,应当符合国家保密规定。保密设施、设备应当与涉密信息系统同步规划,同步建设,同步运行。即在规划和建设计算机信息系统时,应当同步规划、同步建设相应的保密设施,计算机信息系统的研制、安装和使用,必须符合保密要求,应当采取有效的保密措施,配置合格的保密专用设备,所采取的保密措施应与所处理的密级要求相一致,保密设施、设备应当与涉密信息系统同步运行。

涉密信息系统应当按照规定,经检查合格后,方可投入使用。保密行政管理部门对涉密信息系统投入使用前的检查,主要从书面和现场两个方面进行审查。

(1)书面资料审查包括建设过程是否符合保密管理规定;安全保密技术措施是否满足安全保密需求,是否符合国家有关保密法律法规和标准;采用的安全保密产品、设施等是否符合国家有关保密管理要求;安全保密管理措施是否符合国家有关保密管理规定和规范。

(2)现场审查包括检测评估中发现问题的整改情况、实际应用环境的安全保密情况、安全保密措施落实情况、安全保密管理责任单位、人员落实情况。

对经审查符合要求的涉密信息系统,保密行政管理部门批准其投入使用,并颁发《涉及国家秘密的信息系统使用许可证》;对不符合要求的,保密行政管理部门提出书面整改意见,由系统建设使用单位进行整改后重新报批。[①]

《保密法》第24条规定:机关、单位应当加强对涉密信息系统的管理,任何组织和个人不得有下列行为:

(1)将涉密计算机、涉密存储设备接入互联网及其他公共信息网络;

---

① 参见国家保密局编写组:《中华人民共和国保守国家秘密法释义》,金城出版社,2010年版。

(2)在未采取防护措施的情况下,在涉密信息系统与互联网及其他公共信息网络之间进行信息交换;

(3)使用非涉密计算机、非涉密存储设备存储、处理国家秘密信息;

(4)擅自卸载、修改涉密信息系统的安全技术程序、管理程序;

(5)将未经安全技术处理的退出使用的涉密计算机、涉密存储设备赠送、出售、丢弃或者改作其他用途。

五、涉密会议、活动管理

涉密会议、活动的保密工作实行"谁主办,谁负责"的原则。

主办单位应制定保密工作方案,根据会议、活动的主题、内容或文件资料涉及国家秘密的最高密级,及时确定会议、活动的密级,对参加人员提出保密要求,明确专人负责督促落实。承办单位要按照主办单位要求,提供安全保密的环境、设施和设备,并对工作人员进行保密教育,明确工作人员的保密责任,要求其做好保密保障服务工作。重大涉密会议、活动应当请保密行政管理部门对保密工作进行监督和指导,并提供必要的安全保密技术服务保障。

涉密会议、活动主办单位应当采取以下保密措施:

(1)严格对参加人员进行审查:主办单位应根据会议、活动涉密程度和工作需要,确定参加人员范围,审核参加人员资格,核对身份。

(2)严格涉密载体的管理:主办单位应严格执行国家有关保密管理规定,对涉密会议、活动使用或形成的涉密文件、资料及其他涉密载体,在制作、分发、存放、回收、销毁等各个环节,落实保密管理措施。

(3)严格场所、设备的检查:涉密会议、活动应在符合保密要求的场所进行,使用的扩音、录音等电子设备、设施应经安全保密检查检测,携带、使用录音、录像设备应经主办单位批准。不得使用手机、对讲机、无绳电话、无线话筒、无线键盘、无线网卡等无线设备或装置,不得使用不具备保密条件的电视电话会议系统。

(4)严格保密要求:主办单位应对参加人员(含列席人员以及工作、服务人员)进行保密教育,要求参加人员妥善管理涉密文件、资料和其他涉密载体,不得擅自记录、录音、摄像和摘抄,不得擅自复印涉密文件、资料等。

(5)严格新闻报道审查:涉密会议、活动应严格采访报道的保密审查,接受采访或公开报道应当经过批准,凡涉密信息未经有关主管部门审批,不得公开宣传报道。对是否涉密界定不清的,应逐级报有权确定该事项密级的上级机关或保密行政管理部门审查确定。严防在宣传报道中造成失泄密事件。[①]

六、加强保密要害部门、部位管理

保密要害部门是日常工作中涉及绝密级国家秘密事项或涉及较多的机密级、秘密级国家秘密事项的部门。虽业务工作重要、工作秘密较多,但涉及国家秘密事项不多的部门,不能确定为保密要害部门。根据最小化原则,一般指各机关内部涉及国家秘密事项的最小行政单位,就管理来讲,突出的是对涉密人员的管理。

保密要害部位是集中制作、存放、保管国家涉密载体、密品的最小专用的、固定的、能够独立控制的场所。保密要害部位是指最小场所,就管理来讲,突出的是对保密设施的配备管理。

在有关军事禁区等涉密场所、部位的保密管理方面,《保密法》第 33 条规定:军事禁区和属于国家秘密不对外开放的其他场所、部位,应当采取保密措施,未经有关部门批准,不得擅自决定对外开放或者扩大开放范围。

军事禁区是指为保护国家军事设施安全,依照《军事设施保护法》的规定,经法定程序专门划定的实行安全管制的区域、场所;属于国家秘密不对外开放的其他场所、部位是指本身属于国家秘密,进入后可能对国家秘密安全造成危害,按规定不得对外开放的场所、部位。按照有关法律、法规、规章的规定,军事禁区和属于国家秘密不对外开放的其他场所、部位原则上不得对外开放,已有规定作部分开放的不得扩大开放的范围;因特殊原因需要对其摄影、摄像、录音、勘察、测量等的,必须经有关部门批准同意,否则不得决定将其对外开放或

---

① 参见国家保密局编写组:《中华人民共和国保守国家秘密法释义》,金城出版社,2010 年版。

者扩大开放范围。①

七、信息公开和对外宣传活动的保密管理

世界范围内,从公开的新闻信息中搜集情报,早已成为各国情报机构的一种公开、合法、有效的手段,国家机密因此被泄露的事件在世界各国也屡见不鲜。我国最著名的"照片泄密案"就是1964年《中国画报》封面刊出的一张照片。大庆油田的"铁人"王进喜头戴狗皮帽,身穿厚棉袄,顶着鹅毛大雪,握着钻机手柄眺望远方,在他身后散布着星星点点的高大井架。日本情报专家据此解开了大庆油田的秘密,他们根据照片上王进喜的衣着判断,只有在北纬46°~48°的区域内,冬季才有可能穿这样的衣服,因此推断大庆油田位于齐齐哈尔与哈尔滨之间。并通过照片中王进喜所握手柄的架势,推断出油井的直径;从王进喜所站的钻井与背后油田间的距离和井架密度,推断出油田的大致储量和产量。我国军事迷们上传图片、发表评论的各类军事网站,也是国外情报部门经常光顾的地方。军事单位、战略要地的照片在普通人眼里稀松平常,但在情报分析人员看来却具有极其重要的价值。如对一张长江大桥的普通图片,一般人只是感觉大桥"宏伟壮观",但情报分析专家就能根据其比例,计算出最致命的打击点;通过近拍照片,看出所用建材的品质,从而测算出摧毁桥梁需要的炸药当量。不经意间,为国外情报部门提供了便利,对国家安全造成威胁。《保密法》第27条规定:报刊、图书、音像制品、电子出版物的编辑、出版、印制、发行,广播节目、电视节目、电影的制作和播放,互联网、移动通信网等公共信息网络及其他传媒的信息编辑、发布,应当遵守有关保密规定。新闻出版、广播影视、网络及其他传媒受众面广、传播迅速,一旦泄密,难以补救,必须加强保密管理,应建立严格的自审和送审制度,确保不涉及国家秘密。

在网络管理方面,《保密法》第28条规定:互联网及其他公共信息网络运营商、服务商应当配合公安机关、国家安全机关、检察机关对泄密案件进行调查;发现利用互联网及其他公共信息网络发布的信息涉及泄露国家秘密的,应当立

---

① 李飞、许安标:《中华人民共和国保守国家秘密法解读》,中国法制出版社,2010年版。

即停止传输,保存有关记录,向公安机关、国家安全机关或者保密行政管理部门报告;应当根据公安机关、国家安全机关或者保密行政管理部门的要求,删除涉及泄露国家秘密的信息。本条明确了互联网及其他公共信息网络运营商、服务商的配合调查、情况报告和信息删除义务。

在公开发布信息、涉密采购保密管理上,《保密法》第29条规定:机关、单位公开发布信息以及对涉及国家秘密的工程、货物、服务进行采购时,应当遵守保密规定。

八、对外合作交往的保密管理

我国的国家秘密并非一律都不准向外方提供。《保密法》第30条规定:机关、单位在对外交往与合作中,需要提供国家秘密事项,或者任用、聘用的境外人员因工作需要知悉国家秘密的,应当报国务院有关主管部门或者省、自治区、直辖市人民政府有关主管部门批准,并与对方签订保密协议。

《对外经济合作提供资料保密暂行规定》中指出,对外提供资料要从国家整体利益和对外经济合作的实际出发,权衡利弊,遵循合理、合法、适度的原则,做到既能够维护国家秘密安全,又有利于保障和促进对外经济合作的顺利进行。对外交往和合作中提供国家秘密事项,应当按照绝密级、机密级、秘密级事项分别由不同级别的机关审批。

(1)绝密级资料,原则上不得对外提供,确需对外提供的,须经国务院有关业务主管部门审批,或者由国务院有关业务主管部门按照有关规定审核后报国务院审批。

(2)机密级资料,涉及全国性的,须经国务院有关业务主管部门审批;不涉及全国性的,须经所涉及的省、自治区、直辖市业务主管部门或国务院有关业务主管部门授权的单位审批,其中,国务院有关业务主管部门有特殊规定的,应从其规定。

(3)秘密级资料,涉及全国性的,须经国务院有关业务主管部门审批;不涉及全国性的,须经所涉及的地、市级以上(含)地方业务主管部门或国务院有关业务主管部门授权的单位审批,其中,国务院有关业务主管部门有特殊规定的,应从其规定。

(4) 涉及军事、军工方面的国家秘密资料,须按照国务院和中央军委的有关规定,经有审批权限的军事机关或军工主管部门审批。

新媒介泄密

近年来,随着微信、QQ等新媒介的广泛应用,相伴而生的泄密事件呈上升态势,由于其传播时间迅速,传播范围广泛,造成的危害十分巨大,应当引起高度警惕。

➡ **快速的大范围泄密渠道——微信**

微信是2011年初推出的一款支持多人文件资料共享的互联网移动应用软件。据报道,截至2013年底,全球微信用户已达6亿,是移动互联网上使用人数最多的应用。2013年以来,发生了多起通过微信泄密的事件,由于微信信息资源共享十分方便,一旦发生泄密事件,信息往往呈几何数级扩散。

2013年底,多个微信群中传播着一份涉密文件的影印件,造成严重泄密。有关部门立即介入调查,案件很快水落石出。

经查,10月下旬某日,某单位在内部招待所组织集体学习某会议精神,涉密人员刘某在个人房间中阅读、学习某涉密文件过程中,接到同事邹某发来的聊天微信。刘某和邹某平常关系很好,是微信上的好友。闲聊中,邹某无意中问起刘某在干什么,刘某答复在阅读某涉密文件。邹某一下子被勾起了兴趣,他本来就比较关注文件涉及的某部分内容,就问刘某,能否讲讲文件中关于某部分内容是怎样阐述的。刘某虽然意识到这份文件是涉密的,但侥幸心理和人情考虑还是占了上风,他想到自己和邹某是铁哥们儿,又是同事关系,邹某应该不会把涉密文件传出去,就答复道:"我把那一部分拍下来发给你。"随即,刘某用手机将有关内容拍照后,通过微信发给了邹某。

邹某看到刘某发来的文件截图后,确信刘某正在阅读该文件,于是追问刘某能否把文件全文发给他看看。刘某错上加错,回复邹某:"文件内容比较多,我慢慢拍了发给你,不要着急。"随后,刘某花了2个多小时的时间,将文件主要部分进行拍照,陆续通过微信发给邹某。邹某看到文件后,感到文件内容很有用,随即将其中的部分照片在自己的微信群中进行了分享。

此后,邹某又将文件照片整理成较为完整的文档,出于资料共享的目的,通过微信发送给好友王某,王某又传递给自己的朋友和同事,王某的朋友和同事又通过微信在较大范围内传播扩散,造成该涉密文件大范围泄露。事件发生后,刘某受到留党察看一年、撤职处分,并调离涉密岗位,邹某受到撤职处分。

千里之堤,以蝼蚁之穴溃;百尺之室,以突隙之烟焚。工作中,经常可以看到,一些涉密人员在从事涉密工作时,身边放着手机。提醒之,答曰:"我就放旁边,不会泄密的。"然而就是在这一次次的满不在乎之中,造成了泄密的恶果。在前些年查处的经济数据泄密案件中,办案人员发现,责任人孙某就是一手拿着涉密数据,一手通过手机短信将涉密数据源源不断地泄露出去的。

勿以恶小而为之。这些看似不起眼的"小恶",正是一步步侵蚀和摧垮保密长堤的致命管涌。在一些机关单位中,随处可见将涉密文件复制、扫描,甚至通过互联网电子邮件发送的现象,也许一两次违规难以发现,可能还心存侥幸。但是,长此以往,就会慢慢放松警惕,违规就会慢慢成为习惯,到那个时候,离泄密也就不远了。

➡危险的互联网办公工具——QQ

相比于微信,QQ则更经常应用于连接互联网的计算机上。从笔者了解的情况看,在一些机关单位,QQ已然成为一种常用的互联网办公工具,沟通信息用QQ聊天、传递文件使用QQ邮箱、群发文件使用共享文件。2013年以来,使用QQ传递、群发涉密文件的案件时有发生,值得引起我们的注意。

2013年10月,某重要涉密文件在互联网上被泄露。经查,刊登该文件的是某县一所中学的门户网站,文件来源于学校所属的县教育系统QQ群。该QQ群是县教育局办公室为方便发布通知、传达文件,由各中小学办公室主任组成的。

10月下旬,该县教育局办公室主任马某为及时组织传达某会议精神,向县委某部门办公室主任周某索要市委有关部门的会议文件。周某手中的文件则来自其上级某部门办公室主任洪某。洪某在明知该材料属于国家秘密的情况下,要求办公室副主任王某通过QQ在线传递给周某的。周某收文件后,在县委组织的会议上进行了发放,并于会后通过QQ邮箱传递给马某,马某又将该文件上传至QQ群共享文件夹中,供各中小学校传达学习。某中学办公室主任从QQ群文件共享中下载了该文件,刊登在学校门户网站中,造成泄密。事件发生后,洪某、周某受到党内严重警告处分,马某受到党内警告处分;有关部门对负有领导责任的人员进行了诫勉谈话,并责令做出书面检查。

【点评】

破山之雷,不发聋夫之耳;朗夜之辉,不开蒙叟之目。一些机关单位的同志,长期在涉密环境中工作,对涉密文件"终日视之而不见,听之而不闻",违规操作,导致泄密,虽无主观故意,但客观上产生了开门揖盗、拱手送密的后果。本案中,有关责任人员明知会议材料是国家秘密,仍然心存侥幸,违规操作。从市委某部门到县委某部门再到县教育局,有关工作人员缺乏应有的工作责任心,在文件传达过程中,该审核不审核,该报批不报批,满足于完成任务式地层层转发。这种情况,在实际工作中并不少见。比如,近期发生了多起机关、单位互联网OA系统中存储、传递涉密文件资料的案件,探究起来,都是有关工作人员缺乏责任意识,贪图工作方便,明知有关文件资料属于国家秘密,却不按照涉密文件保管、传递的要求进行操作,违规扫描,违规传递,最终导致了泄密。

希腊神话中有一个故事叫《塞壬女妖的歌声》,说的是居住在塞壬岛上的女妖,会对着经过的船只唱起悠扬动听的歌,每个听到歌声的人,都会情不自禁地跳入大海,为追寻魔幻歌声而葬身鱼腹。英雄奥德修斯路过塞壬岛时,想听听女妖的歌声,他让水手们把耳朵用蜡封住,然后用绳索把他绑在桅杆上。随着越来越接近塞壬岛,美妙的歌声传入奥德修斯的耳朵,他不禁心潮澎湃起来,在桅杆上使劲晃动,由于水手们什么都听不见,仍然划橹前行,他们最终逃脱了塞壬女妖的歌声。而今,随着互联网技术的不断发展,微博、微信、网盘、云存储等层出不穷,极大地方便了我们的工作和生活,然而对于保密工作而言,这些就犹如塞壬女妖的歌声,虽然美妙,但暗藏杀机。要保护好国家秘密,每一位涉密人员都必须坚定"涉密不上网,上网不涉密"的根本底线,具备信息化条件下保守秘密的基本意识和常识,这是英雄奥德修斯绑在身上的救命绳,也是确保国家秘密安全的安全索。

第五节　违反《保密法》的责任

《保密法》第48条规定:违反本法规定,有下列行为之一的,依法予以处分;构成犯罪的,依法追究刑事责任:

(1)非法获取、持有国家涉密载体的;

(2)买卖、转送或者私自销毁国家涉密载体的;

(3)通过普通邮政、快递等无保密措施的渠道传递国家涉密载体的;

(4)邮寄、托运国家涉密载体出境,或者未经有关主管部门批准,携带、传递国家秘密载体出境的;

(5)非法复制、记录、存储国家秘密信息的;

(6)在私人交往和通信中涉及国家秘密的;

(7)在互联网及其他公共信息网络或者未采取保密措施的有线、无线通信中传递国家秘密的;

(8)将涉密计算机、涉密存储设备接入互联网及其他公共信息网络的;

(9)在未采取防护措施的情况下,在涉密信息系统与互联网及其他公共信息网络之间进行信息交换的;

(10)使用非涉密计算机、非涉密存储设备存储、处理国家秘密信息的;

(11)擅自卸载、修改涉密信息系统的安全技术程序、管理程序的;

(12)将未经安全技术处理的退出使用的涉密计算机、涉密存储设备赠送、出售、丢弃或者改作其他用途的。

有前款行为尚不构成犯罪,且不适用处分的人员,由保密行政管理部门督促其所在机关、单位予以处理。

这些违规行为是导致保密措施失效,国家秘密失控,保密技术防护体系受到破坏,国家秘密安全遭受严重威胁的最常见、最典型的行为,不论是否产生泄密实际效果,只要发生所列举的严重违规行为之一的,都应当依法追究有关责任人员的法律责任。保密法规定的法律责任包括行政责任、刑事责任,还包括经济处罚在内的其他处理。

一、行政责任或其他处理

(1)违反《保密法》规定,有《保密法》第48条规定的行为之一,尚未造成泄露国家秘密或者泄露国家秘密未达情节严重的,依法给予处分;对不适用处分的人员,由所在机关、单位给予经济处罚或者解除劳动合同的处理。

(2)机关、单位违反保密法规定,发生重大泄密案件的,对直接负责的主管人员给予处分。

(3)机关、单位违反保密法规定,对应当定密的事项不定密,或者对不应当定密的事项定密,造成严重后果的,对直接负责的主管人员和其他直接责任人员给予处分。

(4)对国家工作人员,应按照《中华人民共和国公务员法》《中华人民共和国行政监察法》《行政机关公务员处分条例》的有关规定,依法给予处分。

二、刑事责任

1.故意或者过失泄露国家秘密,情节严重的,依据《刑法》相关内容,追究刑事责任

故意泄露国家秘密罪是指国家机关工作人员或者非国家机关工作员违反保守国家秘密法,故意使国家秘密被不应知悉者知悉,或者故意使国家秘密超出了限定的接触范围,情节严重的行为。故意泄露国家秘密的立案标准:根据最高人民检察院《关于渎职侵权犯罪案件立案标准的规定》,泄露绝密级国家秘案1项(件)以上的;泄露机密级国家秘密2项(件)以上的;泄露秘密级国家秘密3项(件)以上的;向非境外机构、组织、人员泄露国家秘密,造成或者可能造成危害社会稳定、经济发展、国防安全或者其他严重危害后果的;通过口头、书面或者网络等方式向公众散布、传播国家秘密的;利用职权指使或者强迫他人违反《保密法》的规定泄露国家秘密的;以牟取私利为目的泄露国家秘密的;

其他情节严重的情形。

过失泄露国家秘密罪是指国家机关工作人员或者非国家机关工作人员违反《保密法》，过失泄露国家秘密，或者遗失国家涉密载体，致使国家秘密被不应知悉者知悉或者超出了限定的接触范围，情节严重的行为。过失泄露国家秘密的立案标准：泄露绝密级国家秘密1项(件)以上的；泄露机密级国家秘密3项(件)以上的；泄露秘密级国家秘密4项(件)以上的；违反保密规定，将涉及国家秘密的计算机或者计算机信息系统与互联网连接，泄露国家秘密的；泄露国家秘密或者遗失国家秘密载体，隐瞒不报、不如实提供有关情况或者不采取补救措施的；其他情节严重的情形。

2. 保密行政管理部门的工作人员在履行保密管理职责中滥用职权、玩忽职守、徇私舞弊，构成犯罪的，依法追究刑事责任

案例 5-3

新闻出版工作失误造成泄密

源自：中国保密在线网站

2010年1月，某市人防办建设门户网站，抽调下属企业职工张某参与建设工作。为丰富网站内容，张某从其他网站下载了部分法规文件，未经审核擅自发布上网，其中包含1份秘密级文件。2014年5月，该人防办网站改版，委托某网络公司将原网站上的信息转到新版网站。改版工作由人防办调研员黄某负责，保密审查和信息上传工作由宣传科科长申某负责。黄、申二人监管不力，未对原网站信息进行保密审查，导致涉密文件又被刊登到了新版网站上。由于时间久远，张某已忘记转载来源，只记得转载来源未标密。事件发生后，有关部门给予张某警告处分，并扣除年终奖金；给予申某行政警告处分，对黄某进行通报批评和诫勉谈话。

2014年4月，有关部门在工作中发现，某县教育局网站刊登一份秘密级文件扫描件。经查，2013年10月，该县教育局收到上述文件后，办公室主任唐某按普通公文处理程序报副局长尹某阅，尹某批示由基教科将文件挂到网上，并

通知各学校传达文件精神。据此,该局电化教育馆副馆长陈某将文件扫描后上传至网站,造成泄密。事件发生后,有关部门给予尹某行政警告处分,对唐某进行通报批评,对陈某进行诫勉谈话。

国家地理信息事关国家安全

源自:中国保密在线网站

长期以来,测绘一直被各国政府视为"国之神器,不可予人"。掌握了一个国家各大关键设施的地理坐标,也就意味着该国的国防与经济命脉都逃不过对手的耳目。随着互联网地图网站的普及,如今,越来越多的人可以从网络上查找交通路线、观看高清晰度的卫星影像,甚至标注自己喜欢的景点,与全球网友分享地标信息。但是,互联网地图网站在带给大众方便之余,其泄密隐患也日益增多。

2010年4月,深圳市规划土地监察支队根据群众举报,发现了一个名为"月光论坛"的网站,存在大量地理信息涉密行为。"月光论坛"是一个军事爱好者经常光顾的网络社区,该网站把大量国家军事信息,如机场、舰艇以及驻港部队的地标等都在地图上展示出来,设置了"中国核试验爆炸地点""中国军用机场""北京周边军事区域""中国军事设施收集"等八个板块,汇聚了各地网友发布的信息并进行分类整理。和普通军事论坛相比,"月光论坛"最显著的特点在于,它直接链接到国外一家地图网站的搜索引擎上,用户可以通过客户端软件免费浏览全球各地的高清晰卫星图片,并在上面标注出军事设施的地理坐标和相关信息。

"谷歌地球"是一款由美国谷歌公司开发并免费提供使用的虚拟地球仪软件。与传统的平面地图相比,"谷歌地球"提供的地图是三维立体的,使用者不仅可以很方便地"飞上天空",俯瞰自己的居所,而且还可以寻找目标并进行标注。如果支付一定的费用,还可以得到分辨率相当高的局部卫星照片,其作用甚至超过了某些军用侦察卫星。从传统保密角度看,"谷歌地球"确实给国家安全带来了隐患。一般而言，卫星照片的分辨率在30米以下就可以发现港口、基地、桥梁、公路或舰船等较大目标，而3~7米的分辨率就可以发现雷达、小股部队、导弹基地、指挥所等较小目标。这就意味着，这些卫星照片都是有军事价值的，难怪会引起许多国家和地区军方的强烈反应。从技术角度看，"谷歌地球"的泄密，既表现为软件自身服务功能引发的泄密，也表现为用户在使用过程中导致的泄密。

当前，世界上许多国家都加强了对互联网上泄露本国军事机密情况的监察力度，一些国家安全和情报部门已加大了对"谷歌地球"的监控力度。特别是技术侦察情报部门组织专门力量，加强对"谷歌地球"及相关网站、论坛和交流系统的侦察和监视，及时发现和掌握本国军事基地、敏感目标卫星图片在网上曝光情况和相关地标文件发布情况，为本国做好网上地理信息安全监管和防范工作提供情报支持。

随着电子地图技术的日益进步，各种电子地图和卫星影像地图软件也受到越来越多人的喜爱。"月光论坛"出现的问题并不是个例，据不完全统计，目前我国从事互联网地图服务的网站约4.2万个，在电子地图上被重点标注的目标包括军用机场、导弹阵地、雷达阵地、海军港口、部队驻地和一些重要的敏感目标等。某人在"谷歌地球"论坛上发布了某导弹基地的地标文件，明确标注了该基地的准确位置和坐标。有人曾发布我国某雷达基地的帖子，其中详细介绍了我国雷达的性能，并标注了我国两处雷达阵地的具体位置和布局。还有人在网络上发布中南海地标文件、西昌卫星发射中心地标文件。

近年来，越来越多的迹象表明，中国的一些地理数据已成为西方间谍垂涎的目标之一，我国每年查处的外国人违法测绘案件正呈现出不断上升之势。这些外国人在我国国内进行非法测绘时，有的会隐蔽进行，而有的则近乎明目张胆。

2005年9月23日，日本株式会社国土情报技术研究所所长大林成行及其学生东俊孝，携带两台高精度GPS接收机，到达新疆和田机场附近李某家，在其屋顶上安装了GPS接收机作为固定站。另一台GPS作为流动站，装在他们乘坐的汽车里采集数据。就这样，他们未经中国相关主管部门批准，擅自采集了和田机场、和田市至当地重要水利设施公路的地理坐标数据，结果被新疆国家安全部门当场发现,暂扣了相关器材和物品,并将两人驱逐出境。

2007年3月,4名日本人非法对新疆艾丁湖地区进行测绘;同月,一日本人未经测绘行政主管部门批准,在上海各主要道路进行导航软件测试活动;还有两名日本公民以考古研究名义,在江西南丰、鹰潭、上饶等地擅自实施测绘活动;8月,3名韩国人在长白山地区进行非法测绘活动;同年12月,外国人卡尔·海文未经许可擅自在河南洛阳进行非法测绘活动。2008年9月,3名英国人在新疆阿克苏地区非法测绘,被没收相关设备和测绘成果数据。

2010年,又发生一起我国油田及多口油井的地理信息数据被境外人员窃取案件。油井的数据,如压力、产量、成分组成、深度等都属于国家秘密,并有很详细的密级划分。中国大量油井信息的泄露,将使中国石油业在对外工程、油品进出口、设备采购等谈判中,更容易被分析出实际开采能力、货物供求量及价格浮动空间等,从而让中方处于不利境地。这对石油进口依赖度很大的中国来说,等于被操控了战略命脉。除了涉及经济安全,这些地理信息还可以大量运用于军事。如果战时油井的坐标信息被输入敌方导弹及灵巧炸弹的作战数据链,那么这些油井被准确击中的可能性便大增。因此,必须从维护国家安全的战略高度确保国家的地理信息安全。

案例5-5

从一起典型网络泄密案件看过失泄密的认定

源自:广东省保密局网站

2010年10月,G市某管理公司举办军事主题园,主要提供军事文化、装备展览和军事项目体验等服务内容。2011年底该军事主题园正式开业前,委托当地一家文化公司设计制作军事主题展馆和展览广告画。文化公司接受委托后,通过互联网搜集了一些图片和资料,主要包括我军近年来研制或改装的武装直升机、歼击机、洲际导弹、常规动力航母和主战坦克的图片及性能参数,其中绝大部分是已公开资料或虚构内容,但其中某型号武器装备的部分数据涉及1项秘密级国家秘密。文化公司对搜集的图片和资料加以汇总、编辑后,制作了8块展板,其中1块含有涉密内容,军事主题园将展板悬挂于园区入口处公开展示。2011年12月,军事爱好者M前往该主题园游玩时,觉得上述展板图片清晰、资料翔实,遂逐一拍照并上传至在D市登记备案的一家军事论坛海军版。B市军事爱好者L在网上看到图片,将其转载至国内某门户网站的军事论坛。有关部门发现涉密图片上网后,采取了相应的处理措施。

性质认定:

经调查,排除了文化公司、管理公司、军事主题园以及两名军事爱好者故意泄密的嫌疑。本案的主要问题在于认定上述主体是否构成过失泄密。2010年修订的《保密法》以及现行有效的1990年《中华人民共和国保守国家秘密法实施办法》和1992年《泄密事件查处办法》均未明确区分故意泄密和过失泄密,当前只能参照《刑法》总则关于犯罪主观方面的规定、《刑法》分则关于过失泄露国家秘密罪的规定以及相关司法解释,并依据一般法理、逻辑和事实加以判断。

结合本案案情,分别做出以下认定:

1. 文化公司。文化公司接受委托事项后,从互联网搜索、下载了一些图片和资料,这些图片和资料均无标注国家秘密标志且上传互联网已有较长时间,各网站、论坛多有转载,于是不假思索地将上述图片和资料作为公开信息加以汇总、编辑,使用Photoshop软件制作了8个位图文件作为展板的印刷底版。该公司不属于保密资质单位,相关员工不是涉密人员,受托项目未被确定为涉密项目,对于来源于互联网的未标密信息既无义务逐一开展保密审查,也无能力进行具体识别和判断,因此不宜认定文化公司构成过失泄密。

2. 管理公司及其军事主题园。管理公司的核定经营范围包括国家法律规范禁止、规定前置审批项目以外的军事文化展览和军事器械展览。根据《保密法》第27条"报刊、图书、音像制品、电子出版物的编辑、出版、印制、发行,广播节目、电视节目、电影的制作和播放,互联网、移动通信网等公共信息网络及其他传媒的信息编辑、发布,应当遵守有关保密规定",管理公司举办的这类公开展览属于其他传媒的信息编辑、发布,应当建立自审和送审制度,确保不涉及国家秘密。管理公司长期经营涉军展览,内容高度敏感,除有义务对拟发布内容自行审查外,遇有是否涉及国家秘密界限不清或无法判断时还应提请有关业务主管部门审定。但本案中管理公司简单地将展览内容设计制作项目外包,又未认真履行保密审查义务,致使部分涉密信息进一步扩大知悉范围,可以认定为构成过失泄密。但鉴于本案属于相关信息全部来源于互联网的"二次泄密",保密价值大幅降低,且涉密数据混杂在大量虚构或错误数据之中难以区分,事实上难以为敌对势力所利用,因此在处理上可以考虑减轻或免除处罚。军事主题园不是独立的法人,不承担相关泄密责任。

3. 自然人M。军事爱好者M前往军事主题园参观公开举行的展览,展览内容没有任何国家秘密标志或提示。作为普通公民,他既无义务也无能力对公开展览的内容进行保密审查,因此撇除其他法律问题不谈,M对展板拍照并上传至互联网论坛的行为不具有保密法律法规上的过错,不能认定M构成过失泄密。

4. 自然人L。军事爱好者L在互联网上看到的图片没有任何国家秘密标志,与M一样,作为普通公民,他既无义务也无能力对公开网络论坛的内容进行保密审查,因此撇除其他法律问题不谈,L将图片转载至门户网站论坛的行为不具有保密法律法规上的过错,不能认定L构成过失泄密。

【点评】

本案案情较为单一,但较具有代表性,特别是反映出当前互联网泄密的某些共同特点,可以归纳出保密行政管理部门组织查处同类案件的一些要点:

1. 故意泄密的认定。故意泄密是指违反保密法律法规行为人明知自己的行为会使国家秘密被不应知悉者知悉,并且希望或者放任这种结果发生的情形,对于泄露的方法没有限制,如在公共场所谈论国家秘密,在私人交往或通信中谈论国家秘密,在各类媒体上披露国家秘密等。互联网环境下,各种发布、上传、转载、引用等行为构成故意泄密的共同前提是行为人明知自己处理的信息涉及国家秘密。所谓"明知"主要包括两种情况,一是行为人已通过某种渠道了解到自己处理的信息涉及国家秘密,二是行为人对自己处理的信息来源、性质不甚了解,但该信息载体上明确标志了承载内容属于国家秘密。实践中较多地存在一种现象,就是不计后果地随意上传、转载真伪不明但标有密级或其他国家秘密标志的信息,这种情况应当认定行为人的主观故意,即使经鉴定相关信息不属于国家秘密,也应当作为未遂情节处理。

2. 过失泄密的认定。过失泄密是指违反保密法律法规行为人应当预见自己的行为可能会使国家秘密被不应知悉者知悉,因疏忽大意而没有预见,或已经预见而轻信能够避免,以致发生这种结果的情形。"应当预见",要求行为人必须具有保密法律法规上的义务,并且在行为时能够正确认识到结果内容。互联网环境下,同一信息在政府网站泄露,或是在社会网站泄露,认定结果可能截然不同。政府网站对所发布政府信息负有保密审查义务,除特殊情况外,政府网站泄露国家秘密应当认定为过失泄密。而普通公民在各类论坛、博客、微博等网络平台发布、传播信息导致泄露国家秘密的责任认定则需要具体分析,在排除主观故意之后,应当综合行为人的知识水平、行为本身的危险程度和行为时的客观环境加以认定,如无其他可以证明行为人"应当预见"的证据,一般不能认定构成过失泄密。

3. 互联网企业的义务。在互联网泄密案件查处过程中,提供运营服务、接入服务、信息浏览、数据交换以及其他服务的互联网运营商、服务商负有相应的配合调查、情况报告和信息删除义务。《保密法》第28条对此有明确规定。这对于及时查明案情、提取保存证据、降低损害程度都至关重要,无论相关互联网企业在泄密案件中是否负有责任,保密行政管理部门都有权要求其积极履行以上义务以保证泄密案件查处工作顺利进。

本章小结

修订后的《保密法》共6章53条,分别从国家的密级及范围、保密制度、监督管理、法律责任等方面做了介绍。本章立足于《保密法》,详细对《保密法》的各个方面进行了介绍。

问题讨论

1. 保密工作的方针是什么?
2. 保密工作的领导、管理体制是什么?

3. 什么是国家秘密?

4. 如何进行定密?

5. 涉密人员如何管理?

6. 涉密载体如何管理?

7. 涉密信息系统如何管理?

8. 哪些是违反《保密法》的行为?

参 考 文 献

[1] 张文显.法理学[M].北京:高等教育出版社,2012.

[2] 编写组.思想道德修养与法律基础.北京:高等教育出版社,2015.

[3] 卓泽源.法学导论[M].北京:法律出版社,2015.

[4] 中华人民共和国国务院新闻办公室.中国特色社会主义法律体系白皮书[M].北京:人民出版社,2011.

[5] James E. Anderson. Public Policy-making：An Introduction [M]. 5 edition. Boston:houghton Mifflin,2003.

[6] 王雍君.公共经济学[M].北京:高等教育出版社,2007.

[7] 谢明.公共政策导论[M].北京:中国人民大学出版社,2009.

[8] 陈庆云.公共政策分析[M].北京:北京大学出版社,2006.

[9] 关信平.社会政策概论[M].北京:高等教育出版社,2004.

[10] 郑杭生.社会学概论新修[M].北京:中国人民大学出版社,2002.

[11] 张文显.法学基本范畴研究[M].北京:中国政法大学出版社,1993.

[12] 虞培林,王卫明.保密法学[M].北京:中国政法大学出版社,2011.

[13] 刘冬.保密概论[M].哈尔滨:哈尔滨工程大学出版社,2009.

[14] 李飞,许安标.中华人民共和国保守国家秘密法解读[M].北京:中国法制出版社,2010.

[15] 国家保密局法规处.德国荷兰保密法律制度[M].北京:金城出版社,2001.

[16] 国家保密局编写组.中华人民共和国保守国家秘密法释义[M].北京:金城出版社,2010.

[17] 上海商务印书馆编译所.大清新法令·第四卷[M].上海:商务印书馆,2010.